JN124782

川越の建物

近代建築編

編著：『川越の建物』編集委員会
協力：アニメ制作会社　feel.（フィール）
画　：背景制作会社　プロダクションアイ

仙波書房

川越の建物
近代建築編

編著：『川越の建物』編集委員会
協力：アニメ制作会社　feel.（フィール）
画　：背景制作会社　プロダクションアイ

仙波書房

川越の建物
近代建築編

序文

埼玉県川越市は古都の情景を残していることから「小江戸」と呼ばれ、
毎年多くの観光客が川越を訪れます。
川越といえば、「時の鐘」、「蔵造り」といった建物が有名ですが、それ以外にも「近代建築」と呼ばれる建物も数多く存在します。

ここでの「近代建築」とは、西洋的な造りの建物や、石やモルタル、銅板などで建物正面を覆ったつくりの看板建築等を指します。
今回はこの「近代建築」の建物を写真、イラストでわかりやすく紹介します。

各建物紹介ページの扉絵はアニメプロダクション feel.（フィール）の協力で、プロダクションアイの画を掲載することができました。
feel.（フィール）は川越を舞台にしたアニメ作品『月がきれい』で有名な会社です。

川越はドラマ、特撮、アニメ 他の舞台にもなっています。
その舞台を訪問することは「聖地巡礼」と呼ばれています。
本書内では各建物が登場する作品名を一部掲載します。
本書を手に取り、作品に思いを馳せながらの聖地巡礼と、建物について
興味を深め、より街歩きを楽しんでいただけたら、嬉しく思います。

『川越の建物』編集委員会

本書概要

以下の内容と流れで、各建物を紹介します。（一部例外あり）

■建物概要と歴史
■建物の特徴
■建物の過去と現在
■聖地巡礼　作品名

『川越の建物』シリーズ

『川越の建物』シリーズでは、川越市内に存在する建物を紹介します。
本書では、『川越の建物　近代建築 編』と銘打ちまして、近代建築 21 箇所を紹介します。

シリーズ続編になります『川越の建物　蔵造り 編』では、本書と同じ内容と流れで、「蔵造り」の建物の歴史や特徴を紹介します。
「蔵造り 編」も併せてよろしくお願いします。

『川越の建物』シリーズ
　近代建築 編（好評発売中）
　蔵造り　 編（2022 年 発売予定）

川越の建物
近代建築編

目次

P 82

アクサ生命保険 川越営業所
旧　川越商工会議所

P 86

川越商工会議所
旧　武州銀行 川越支店

P 92

伊勢亀 本店

P 98

味の店 いせや

P 104

シマノコーヒー 大正館
旧　丸栄呉服店

P 110

大野屋洋品店

P 116

おびつ玩具店 第二売場
LIFE　彩乃菓

P 122

Blue Fairy
旧　相亀洋品店

P 126

福田屋書店

P 130

甘味処 川越 あかりや
旧　吉田綿業

P 134

リストランテ・ベニーノ
旧　六軒町郵便局

川越の建物
近代建築編

目次

●コラム・エッセイ他

埼玉りそな銀行 蔵の街出張所

埼玉りそな銀行 蔵の街出張所

旧 第八十五国立銀行 本店

川越市　幸町 4-1
1918 年（大正 7 年）築

■建物概要と歴史

建物は 1918 年（大正 7 年）3 月の竣工、SRC 造 3 階建て（塔屋部分のみ 4 階建て）になります。
SRC 造とは、鉄筋コンクリート の芯部に鉄骨を内蔵した建築の構造で、その設計は保岡勝也（やすおかかつや）さんになります。

建物外観はルネサンス様式を基調とします。
正面角の塔屋は八角形状の 4 階建てで、頂部にはドーム状屋根と望楼（ぼうろう）があります。
バットレス（控え壁）と建物の角の縞模様はサラセン風で、蔵造りの建物が並ぶ通り「一番街」に映える西洋建築になっています。
2020 年（令和 2 年）6 月までは「埼玉りそな銀行 川越支店」として、店舗利用されていましたが、現在は「蔵の街出張所」として、ATM コーナーのみが稼働しています。

この建物は元々、第八十五国立銀行の本店でした。
第八十五国立銀行は、1878 年（明治 11 年）に設立された埼玉県で初めての銀行で、県内唯一の国立銀行でした。
順調に発展して、県内のいくつかの銀行と合併して「埼玉銀行」になり、その後、銀行の再編も行われて、「協和埼玉銀行」、「あさひ銀行」、「埼玉りそな銀行」と、現在に至ります。

1996 年（平成 8 年）12 月には、国の登録有形文化財に指定されています。
埼玉県では登録第 1 号になります。

建物敷地内にはかつて「川越貯蓄銀行 本店」も存在しました。
保岡勝也さんが同じく設計し、1915年（大正4年）に、現在の「埼玉りそな銀行 蔵の街出張所」の建物東側部分に2階建ての初代「川越貯蓄銀行 本店」が建てられました。

その後も同じ保岡さんの設計で、3階建ての二代目「川越貯蓄銀行 本店」が建てられました。
1933年（昭和8年）築で、場所は現在の「埼玉りそな銀行 蔵の街出張所」の建物北側部分になります。
ちょうど蔵造りの建物が立ち並ぶ「一番街」に面した公園付近に二代目「川越貯蓄銀行 本店」がありました。

敷地北側にある公園のベンチに座り、保岡勝也さんが手掛けた建物が並ぶ当時の風景に思いを馳せてみては、いかがでしょうか。

手前の蔵造りの黒と、奥の白壁と緑青色の屋根のコンストラクトが素敵

■建物の特徴

ドーム状屋根と望楼
緑青色のドームと、装飾がポイント

サラセン風の縞模様とアーチ
縞模様がお洒落

サラセン風の縞模様とバットレス
イスラム風モスク調のデザイン

八角形状の塔屋
ビルと塔を組み合わせたデザイン

■建物の過去と現在

1989 年（平成元年）

2020 年（令和 2 年）

■聖地巡礼　作品名

アニメ　『神様はじめました』
アニメ　『月がきれい』
他

「文芸的川越之街並」　其之 一

「埼玉りそな銀行 蔵の街出張所」

　遠くからもよく見える独特なフォルム。
当時はランドマークとして人々に愛されていたのではないか。
「あの銀行の前で待ち合わせね」と、約束した恋人たちもいたのでは…と考えると、川越の街のもう一つの側面を感じた気になる。

「あの塔を見上げてみたら」　104hero

午後の日差しを浴びて
きらめくタイルの壁
街の灯台のよう

鳩が羽根を休め
若い恋人たちが
待ち合わせる場所

異国にきたような
大きな鉛筆のような

青空を指さすその頂は
明日を予感させるのか

もう長い間開けられていない窓は
長くて深い歴史を閉じ込めたまま
何処かわからぬ未来を目指しているのか

川越の街並みや建物を詩や俳句、短歌で表現してみました。
それとほんのちょっとの思い出話と妄想を…
104hero（ラジオ川越「104heroの文芸秘密基地」パーソナリティ）

川越アートカフェ エレバート

川越アートカフェ エレバート

旧　桜井商店

川越市　仲町 6-4
1915 年（大正 4 年）築

■建物概要と歴史

仲町交差点近くに洋風土蔵造りの看板建築の建物があります。
山吉ビルの南隣にあり、現在はお洒落なカフェになっています。

この建物は舶来品の自転車や鉄砲を販売する「桜井商店」として、1915 年（大正 4 年）に建てられました。
建物正面の上部を眺めますと、「田中屋」の文字と、その上に丸いロゴマークのレリーフが飾られています。
このロゴマークは自転車、バイクのホイールを扱う「ラッジ ウィットワース」社のマークで、ホイールの真ん中に右手の掌（てのひら）が配置されたデザインになっています。

桜井商店は英国の「ラッジ ウィットワース」社の自転車を販売していました。
当時、自転車は価格も高く、現在の外車並みの価格だったと聞きます。
また、輸入自転車販売店は埼玉県内でも限られていたため、一般客だけではなく、地方自転車販売店への卸しなどで、お店はかなり繁盛しました。
その権威の象徴として、建物正面上部にロゴマークを飾ったのではないかと、思われます。

その後、テナントは変わり、昭和 30 年代は「マスダ靴店」、昭和 60 年代は骨董品店に、そして 1995 年（平成 7 年）から 2007 年（平成 19 年）は「田中屋美術館」になりました。

菓子屋横丁の景観形成など、川越の商業観光の発展に貢献しました田中利明さんが、建物の老朽化が進んだ建物を購入し、修繕を行い、1995年（平成7年）に氏が集めた美術品を展示したのが、「田中屋美術館」になります。この時、建物上部の「桜井商店」のレリーフの文字が「田中屋」に変えられました。

近所には同じく田中さんが建物の購入・保全を行った「手打そば 百丈」があり、こちらの建物も本誌で紹介しています。（P66参照）

内部は、「一番街」側の店舗「川越アートカフェ エレバート」と、蔵の奥は同じグループ会社の「和創菜と四季のすし 風凛 furin」があります。
木漏れ日が照らす古き良き風情が薫る庭園には、「桜井商店」時代に扱っていました鉄砲の試し撃ちの痕も残っています。

建物正面上部にある大きなパラペットとデンティル、中段の3連アーチ型の窓と、その間にはイオニア式の柱が配置されています。
イオニア式の柱頭は、その形状が渦巻き状になっていることが特徴的です。
下段はまた異なる意匠が3箇所に配置されています。
直方体を組み合わせた幾何学的なデザインには気品を感じます。

建物1階部分には、大きな窓ガラス部分があります。
輸入高級自転車を取り扱っていた時代には、自転車を展示していたショーウインドーの名残と、聞きます。
対面販売が中心だった時代に現在のような展示販売を先駆的に行っていた「桜井商店」は、建物同様際立っていたことだと思われます。

店内で食事を楽しみつつ、建物を鑑賞すると、外観は洋風な造り、中身は土蔵造りと、建物内外のギャップを実感することができます。
料理に併せ、国内でも珍しい造りの建物もお楽しみ下さい。

■建物の特徴

ラッジウィットワース社のロゴ
タイヤのホイールと掌のロゴ

イオニア式の柱頭
柱の上のぐるぐるマークが特徴

1F 部分のデザイン
気品を感じる幾何学的なマーク

デンティル
建物に歯が何本もあります

■建物の過去と現在

1984 年（昭和 59 年）

2020 年（令和 2 年）

■聖地巡礼　作品名

『月がきれい』
他

川越の建物
近代建築編

保刈歯科醫院

保刈歯科醫院

旧　山吉百貨店

川越市　仲町 6-6
1936 年（昭和 11 年）築

■建物概要と歴史

川越の仲町交差点すぐ北側に大きな洋風の建物があります。
この建物はすぐ近くにある「埼玉りそな銀行 蔵の街出張所」、「山崎家別邸」と同じ保岡勝也（やすおかかつや）さんの設計です。

この建物は最初、川越初の百貨店でした。
呉服、洋服の販売を行っていた渡辺吉右衛門さんの屋号が「山田屋」ということで「山吉（やまきち）百貨店」として、商いを行いました。
3 階までの売場や、食堂、屋上庭園の存在は珍しく、百貨店はかなり賑わっていたと、当時の様子を本書 92 ページで紹介の「伊勢亀 本店」の店主木村ハマさんが語っています。

渡辺さんの家は江戸時代から川越で呉服、太物、荒物商として、活躍して、代々「吉右衛門」の名前を襲名し、次世代に繋いできました。
個人銀行の「川越渡辺銀行」の頭取や、地域の経済団体の役員も務め、経済人としても活躍していました。

その後、戦争前後の物資不足もあり、事業継続が困難になり、そこで手を差し伸べたのが、飯能町（現 埼玉県飯能市）で衣料品の卸しと、販売を手掛ける大久保竹治（たけじ）さんでした。
飯能町で「丸木衣料品店」から、拡大を続け、「丸木総合衣料品店」、そして、この建物において、1950 年（昭和 25 年）10 月に現在の「丸広百貨店」の前身であります「丸木百貨店 川越店」として開店しました。

元々、百貨店としても好評であった場所での事業は成功しました。
この「丸木百貨店 川越店」の好調が、他地域への出店に繋がり、さらに将来性を予見し、川越店自体も仲町から現在の新富町へ移転することになったのが、1964 年（昭和 39 年）のことになります。

「丸木百貨店」（現 丸広百貨店）移転後の建物は、様々な店子が入り、使用されました。
2006 年（平成 18 年）には建物の復原、耐震補強工事が行われ、その後、「山吉百貨店」創業者のお孫さんが「保刈歯科醫院」を開業して、現在に至ります。

1936 年（昭和 11 年）築の建物は、鉄筋コンクリート造の 3 階建てで、建物外壁は 4 本の大きな柱と、正面にあるアカンサス文様のレリーフが特徴的です。
柱の柱頭には、イオニア式の特徴である渦巻き状の飾りが見られます。

建物を古くから知る人に話を聞きますと、かつて建物隣には土蔵があり、建物正面にある対のショーウインドウ前には、銅像が配置されていたとのことです。
改めて建物の北側にある側壁を見ますと、区分けされ、現在に土蔵の痕跡を伝えるかのようなデザインが見られます。

建物正面の欄間（らんま）部分には、ステンドグラスの作品が 3 点あります。
孔雀とヤシの木をモチーフにしたステンドグラスが 2 点と、噴水のステンドグラスになります。
これらのステンドグラスは「別府ステインド硝子製作所」の作品と言われています。
明治・大正時代、ステンドグラス事業の黎明期に活動を行っていた製作所で、すぐ近くにあります「山崎家別邸」にも同製作所の作品があります。

日が暮れた頃に建物前を通りますと、優しい光に浮かぶステンドガラスの色が幻想的で、街歩きの疲れが癒されるような気がします。

■建物の特徴

アカンサス文様のレリーフ
植物をモチーフにしたデザイン

イオニア式の柱と柱頭
イオニア式柱頭は、渦巻きが特徴

孔雀とヤシの木のステンドグラス
左右２箇所に配置されている

建物側面 北側
かつて隣にあった土蔵の痕跡が…

■建物の過去と現在

1984 年（昭和 59 年）

2020 年（令和 2 年）

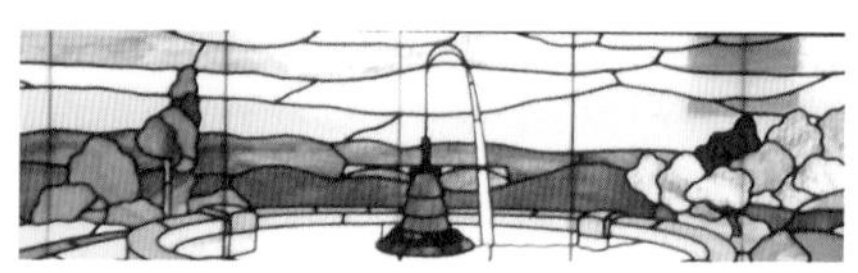

噴水のステンドグラス
「別府ステインド硝子製作所」の作品は本建物だけでなく、すぐ近くの山崎家別邸にも…

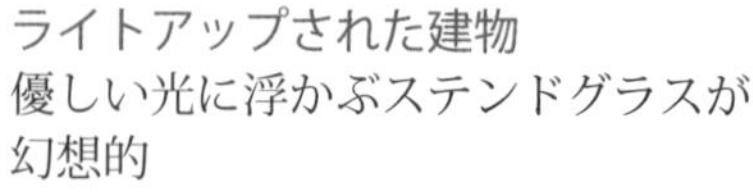

ライトアップされた建物
優しい光に浮かぶステンドグラスが幻想的

川越の建物
近代建築編

川越ホーム 蔵のまちコンサルティングオフィス

川越ホーム 蔵のまちコンサルティングオフィス

旧 オカダ洋服店

川越市　幸町 1-12
1930 年（昭和 5 年）築

■建物概要と歴史

黒を基調とした蔵造りの建物が多い「一番街」に、鮮やかな山吹色が映える小さな建物が複数並ぶ細い路地があります。
その路地には 5 軒の洋風町家があり、建物のデザイン、色づかいと、街を歩く多くの人を引き留める魅力があります。
これらの建物は、3 棟で構成される 5 軒長屋で、奥 2 棟は 2 戸、通りに面する一番手前の建物が今回紹介します「川越ホーム 蔵のまちコンサルティングオフィス」になります。

この 5 軒長屋がある土地は元々、明治、大正時代に穀物問屋を営む青柳家（青柳三右衛門さん、青柳保太郎さん）が所有していました。
屋号の「万屋」、三右衛門の「三」から「万三（まんさ）」と呼ばれ、事業は発展しましたが、大正末期から昭和初期頃に倒産し、渡辺吉右衛門さんに買われたとのことです。
渡辺吉右衛門さんは、24 ページで紹介しました「保刈歯科醫院」（旧 山吉百貨店）の渡辺家で、この土地に 1930 年（昭和 5 年）5 軒長屋を創建しました。

現在「川越ホーム 蔵のまちコンサルティングオフィス」として利用されている建物は、最初煮豆の小売り販売を営む豆屋でした。
当時、「まずくて高い」という看板を掲げて商いを行うユーモアな点は、道路斜め向かいにあった「ナイモのハナイ」という看板を掲げていた近亀時計店（キンカメ）のキャッチコピーも含め、商いに自信があったことが想像できます。

その後、豆屋から電気屋、そして昭和30年代に洋品店「洋品の丸昭」、そして昭和40年代には仕立屋の「オカダ洋服店」となり、その時に店舗の改修を行い、建物の外観が大きく変化しました。

貴重な昭和初期のモダンなファザードが失われ、空き家状態だった建物を救ったのが、「川越ホーム」の松ヶ角紘一さんです。
松ヶ角さんは、建物本来の外装、昭和初期の建物を再現するため、「川越市川越伝統的建造物群保存地区」にある多くの建物を修復した建築士守山登さんに相談しました。
守山さんは、当時の資料が少ない中、古い写真や、近隣への聞き込みなどに奔走しました。
松ヶ角さん、守山さん、両者の建物修復と保存への強い熱意と、川越市の伝統的建造物保存への思い入れと、力添えによって復原されたのが、現在の建物になります。

建物の特徴としましては、東側、南側共に建物前面上部の立ち上がりは大きく、その上辺は弓型の意匠で、その両脇には縦縞の石を配置しています。
壁面の両端には柱を配置、上部にはスワッグのレリーフもあります。
建物南側の窓上部には二連アーチ型とアーチ型と、2種類の窓上部の飾りが配置され、その下には窓のように見えて、窓でない“だまし窓”も見られます。

これらは昭和初期の背景写真からの再現と、長屋に残る当時のデザインが反映されていて、5軒長屋全体の調和には見応えがあります。

日が暮れ、建物2階の「川越ホーム」、1階の雑貨を取り扱う「ALPHALPHA」に灯りがともると、建物は昼間とはまた違う表情を見せます。
「川越ホーム」の松ヶ角さんは、薄暮の時間帯が素敵と、話されていました。
昼だけでなく、日暮れの街歩きにも発見があるかもしれませんね。

■建物の特徴

建物上部
古い写真を元に復原したらしい

縦縞の石の並びと柱
柱にはスワッグのリリーフも

窓上部の飾り
アーチ型の飾りが可愛い

アーチ下のだまし窓
欄間部分の“なんちゃって窓”

■建物の過去と現在

2000 年（平成 12 年）

2020 年（令和 2 年）

■聖地巡礼　作品名

特　撮　『機界戦隊ゼンカイジャー』
アニメ　『月がきれい』
他

建物外観　夜 ver.

川越の建物
近代建築編

川越の建物
近代建築編

中成堂歯科医院

中成堂歯科医院

旧　中野歯科医院

川越市　幸町 13-5
1913 年（大正 2 年）築

■建物概要と歴史

川越のシンボルであります「時の鐘」は、1893 年（明治 26 年）に起きた川越大火の翌年に再建されたもので、3 層構造で、高さ約 16 メートルになります。
今も毎日、定刻に鳴り響く鐘の音は、環境庁主催の「残したい 日本の音風景 100 選」にも選ばれています。

この「時の鐘」がある「時の鐘通り」から、蔵造りが立ち並ぶ「一番街」と平行している東の裏通りに入り、「埼玉りそな銀行 蔵の街出張所」の裏手近くの場所に淡いピンク色の洋館があります。（現在は別色に変更）
現在は「中成堂歯科医院」として、利用されています。

この建物は 1913 年（大正 2 年）に歯科医院兼住居として建てられ、翌年開院しました。
建築主は埼玉県歯科医師会の会長を務めました目黒寅三郎さんという歯科医師です。
跡取りがいなかったため、1931 年（昭和 6 年）に中野歯科医院の中野清さんへ建物を譲り、「中野歯科医院」として、1975 年（昭和 50 年）まで続けられたそうです。
現在の院長の中野文夫さんによって再開されたのは 2002 年（平成 14 年）で、その時に建物の外装内装ともに全面改修されました。

建物はハーフティンバー様式で、北ヨーロッパ方面で見られます柱や梁を強調したデザインが特徴的です。

ちょうど、こげ茶色の柱と梁が歌舞伎役者の隈取(くまどり)の様で、建物のデザインを際立てているような気がします。

木造2階建ての外壁は下見板張り、屋根は天然のスレート葺きになります。「下見板張り」とは、水平方向の板材の下端を、その下の段の板材の上に少しずつ重ねるように張ります。
この種の下見板張りは「イギリス下見」または「南京下見」と呼ばれます。
壁面自体に対して板材は傾いて張られるめ、雨水が流れ落ちやすい利点があります。
下見板の「下見」は、「しずくを残らず垂らしきる」という意味の「釃(した)む」板張りといった語源という話を聞いたことがあります。

建物に配置された窓数は多く、またそのデザインも複数種類あります。
洋風なイメージの「上げ下げ窓」や、「両開き窓」が配置され、中には格子木が斜めに配置されたユーモアあふれるお洒落な窓もあります。

大きな破風屋根と、柱と梁が特徴的なデザインの建物は、景色に映えることもあり、ドラマ、特撮番組などに登場する機会もあり、テレビ越しに見た方も少なくはないのでしょうか。

下見板の外壁は定期的に塗り替えが行われ、取材当時は淡いピンク色に塗られていました。
その前は淡い緑色や、空色だった時代もあります。
ちょうど、本書の取材後に塗装工事が行われ、現在は新たな塗装色の建物を楽しむことができます。
今度は何色になっているのか、確認に出かけてみてはいかがでしょうか。
併せてユーモアあふれるお洒落な窓も探してみて下さい。

■建物の特徴

下見板張りの建物と破風屋根
存在感ある破風屋根

上げ下げ窓
絵本の中から出てきそうな洋風窓

両開き窓
日本ではめずらしい両開き窓

ハーフティンバー様式の柱と梁
歌舞伎役者の隈取のような柱と梁

■建物の過去と現在

1989 年（平成元年）

2020 年（令和 2 年）

■聖地巡礼　作品名

ドラマ　『ホタルノヒカリ』
他

川越の建物
近代建築編

山崎家別邸

山崎家別邸

川越市　松江町 2-7-8
1925 年（大正 14 年）築

■建物概要と歴史

東京駅近くの丸の内周辺には、かつて洋風な煉瓦造りの建物が多く立ち並んでいました。
三菱社（1893 年から三菱合資会社、後の三菱地所）による開発が行われ、その街並みは「一丁倫敦（いっちょうろんどん）」と呼ばれました。
通りから一本入りますと、街路樹が美しい通り「丸の内仲通り」があります。通り沿いには高級ブランドショップが立ち並び、時期によりイルミネーションで街が煌めきます。
この通りには本書で紹介しました「第八十五国立銀行」「山吉百貨店」の設計を行った保岡勝也さんが担当・設計した建物が道の両脇に数多く立ち並んでいました。
道路を挟み、向かい合う建物同士のデザインを揃えた美しい街並みは、建物と景観づくりに配慮した保岡さんの意気込みが感じ取れます。

保岡さんは大学卒業後に現在の三菱地所に入社し、30 歳前に技師長になったのですが、40 歳半ばで退職しました。
翌年に起業し、「保岡勝也建築事務所」を立ち上げています。
起業後は今まで手掛けてきました洋風な建物設計の他、住宅建築の設計も行っています。
彼が担当した貴重な住宅建築が、川越にもあります。
「山崎家別邸」で、川越を代表する和菓子で有名な「亀屋」五代目 山崎嘉七さんの隠居所として建てられました。

建物は 2 階建ての洋館と、土蔵、それと平屋造りの和館の 3 つを組み合わせたような面白い造りになっています。
建物西側の洋館と、地上２階、地下１階と大きな土蔵部分とは切妻屋根で南北に棟をとり､建物東側の和館は寄棟屋根で東西に棟をとっています。

建物外観はツートンカラーの色モルタルを用いています。
２階部分は、表面部分をホウキで掃いたような「刷毛引き」に目地を入れた仕上げになっています。
１階部分は「ドイツ壁」と呼ばれますモルタル掃き付け仕上げで、大正末期から昭和初期の頃に流行った壁の仕上げ方法です。
壁下地にモルタルを塗りつけ、その表面に細い竹を束ねたササラという道具でモルタルの小さな粒を飛ばして、粒状の凹凸感を出しています。
昔は「ラフカスト」とも呼ばれていたそうです。
２階部分のスッキリした壁表面と、１階部分のゴツゴツした凹凸感ある壁表面との対比、そして、色モルタルのツートンカラーの濃淡の対比はデザイン性だけではなく、その仕上がりに職人の技が感じられます。

洋館部分は青色の半球状のガラスが並ぶ玄関ポーチ袖壁や、階段、客室、食堂にあるステンドグラスが素敵です。
階段にある『泰山木（たいざんぼく）とブルージェイ』は小川三知（さんち）さん、客室にあるステンドグラスは､「別府ステインド硝子製作所」の作品と言われています。

建物東側は和館部分になります。
縁側にあります廊下天井部分は、庭側と室内側と２つの異なる造りが見られます。
庭側は木の繊維にそって薄く剥いだ薄木を交互に編んだ状態が市松模様になっている「網代（あじろ）天井」､室内側は「目透かし天井」と、ツートーンになっています。

そこから古い歪みのあるガラス越しに外に目を向けますと、庭園の先に茶室が見えます。
山崎家別邸を設計した保岡勝也さんは建物だけではなく、敷地内の庭園と茶室も設計しています。

茶室に関しては著書も数冊出し、住宅建築家だけではなく、茶室建築への熱も高いことがうかがえます。
この茶室は織田信長の弟　織田有楽斎が建造した茶室『如庵』の写しと言われ、そのモチーフは同じ写しの京都仁和寺の遼廓亭とのことです。

保岡勝也さんは川越貯蓄銀行、第八十五国立銀行、山吉百貨店、そして山崎家別邸と４作品も川越で手掛けています。
川越貯蓄銀行だけは現存していませんが、残りの３作品は現在でも残り、楽しむことができます。

山崎家別邸に関しましては、建物の随所に保岡勝也さんが盛り込んだアイディアが見て取れます。
「建物を訪問した人に満足感を与える」
これは、織田有楽斎を茶祖とします「織田流」の口伝のひとつです。
建築、庭園、茶室、そして茶道を研究した保岡勝也さんなりの面白い仕掛けと考えると、改めて建物を注視してみよう、と思えます。

洋館

和館室内

■建物の特徴

『泰山木とブルージェイ』小川三知
花の白さが印象的

網代・目透かし天井のツートーン
市松模様の天井がお洒落

刷毛引きとドイツ壁のツートーン
ドイツ壁の凹凸に注目！

「如庵」の写しと言われている茶室
仁和寺の茶室がモチーフ

土蔵部分

建物と庭園

川越の建物
近代建築編

川越スカラ座

川越スカラ座

川越市　元町 1-1-1
1945 年（昭和 20 年）築

■建物概要と歴史

「時の鐘」から東の方に延びる路地を進みますと、住宅街の中に突如白いタイル張りの建物が出現します。
この建物は映画館「川越スカラ座」で、現在営業している中で県内最古の映画館になります。

「川越スカラ座」は、1905 年（明治 38 年）に寄席の「一力亭」として開業した後に、1907 年（明治 40 年）に「おいで館」、1921 年（大正 10 年）に「川越演芸館」と改称して営業を継続しました。
戦後、1945 年（昭和 20 年）には「川越松竹館」として映画館に転業し、1963 年（昭和 38 年）には現在の「川越スカラ座」に改称しました。

川越市内にはかつて 9 館もの映画館がありましたが、時代の変化とともに年々数が減り、「川越スカラ座」も 2007 年（平成 19 年）に休館となりました。
休館を惜しむ声が多い中、それまでに協力していた「特定非営利活動法人プレイグラウンド」は映画館再生のために奮闘し、わずか 3 ヶ月という短い期間で実行しました。
ただ作品を上映するだけではなく、俳優や映画監督を招いての舞台挨拶やトークショーや、観客参加化型のイベント実施などを行う個性的な映画館として、注目を集めています。

建物は 1945 年（昭和 20 年）築で、建物側面をトタン板とモルタルで覆った倉庫、または小屋のような造りになっています。

その外装は 1986 年（昭和 61 年）に変更され、建物の正面と側面の一部は、白いタイルで覆われています。

さて、木造建築の建物正面、側面をモルタルや銅板、タイルなどで覆った「看板建築」と呼ばれる建物があります。
その正面は平面的な看板のイメージがあり、一般的に店舗兼住宅、木造 2、3 階建て、間口が狭いこと等が特徴的です。
建築時期は大正から昭和初期頃で、木造建築の防火対策の意味も含まれています。

一方、「川越スカラ座」の場合、建物は完全木造ではなく、一部鉄骨を用いた造りであること、店舗兼住宅ではなく、店舗（映画館）であること、間口が奥でなく、横に広いこと、建築時期等から、先に挙げた看板建築の特徴とは全く異なります。

仮に、建物正面部分を平坦な看板のように見立て、そこに洋風に見えるよう装飾を施した建物のことを「看板建築」と解釈するならば、「川越スカラ座」も該当するかもしれません。
そのため、本書では例外的に「看板建築風の建物」という独自の解釈で、建物を掲載・紹介しています。

建物、映画館、作品と楽しめる「川越スカラ座」は、訪れる人を懐古的な気分にさせます。
それは、昭和的なレトロ感が建物内外各所に残っていることも、その理由に挙げられます。
そのため、昭和の時代を再現した映画、ドラマなど数多くの作品のロケ地にもなっています。
作品内の空気感をリアルに体験できる映画館と言っても過言ではないでしょう。

タイルで覆われた建物外壁

レトロ感のある館内

舞台挨拶、トークショーなどイベントも開催されている

■聖地巡礼　作品名

映　画　『バンクーバーの朝日』
映　画　『キネマの神様』
ドラマ　『植木等とのぼせもん』
ドラマ　『全裸監督』
アニメ　『神様はじめました』
他

川越の建物
近代建築編

モダン亭 太陽軒

モダン亭 太陽軒

川越市　元町 1-1-23
1929 年（昭和 4 年）築

■建物概要と歴史

「セセッションとは何ぞや」

これは 1914 年（大正 3 年）の雑誌『建築ト装飾』セセッション号　増訂三版（建築ト装飾社）　広告の一文です。

「セセッション」は、「ゼツェッション」とか、「ゼゼッション」と呼ばれ、「分離」を意味するドイツ語です。
19 世紀の終わり頃、これまでの古典的な芸術活動から分離して、自由で個性的な新しい芸術活動を目指していた動きで、芸術、建築だけに留まらず、生活に結び付く芸術活動になりました。
時代に必要なデザインはその時代によって変わっていくものと考え、新しいスタイルを求めていく姿勢は､大衆文化にも派生していったみたいです。

そのことを裏付ける件として、先ほどの雑誌広告文面には、建築様式の用語「セセッション」が、建物、家具だけではなく、衣類、ショール、髪飾りや下駄などにも単語が用いられていると、記載もあります。
実際、大正時代の新聞記事や、広告にも「セセッション」という単語、商品について取り上げられています。
国内において「セセッション」は本来の意味から派生した新語として、これまでなかった新しいスタイルを求める人々の間で流行りました。

そんなセセッションスタイルの洋風モダン建築が､前ページで紹介した｢川越スカラ座」すぐ隣に存在します。

淡い色をした漆喰造りの洋館で、1922 年（大正 11 年）創業の老舗西洋料理店「モダン亭太陽軒」になります。

「モダン亭太陽軒」は、料理店で修業した初代 樋口政一さんが、西洋・支那料理を提供する料理店として開業し、1929 年（昭和 4 年）に現在の建物に改築しました。

お店は、こちらの店舗だけではなく、本書 116 ページで紹介しています連雀町にあります「おびつ玩具店第二売場」と長屋続きだった同建物が、「中央食堂」と呼ばれていた昭和初期に「太陽軒」2 号店として出店していました。

また、同時代には近くの新河岸川沿いに食堂兼貸し船屋と複数店舗において、多角的な経営を行っていました。

素敵な色合いの漆喰造りの洋館は、木造 2 階建てになります。

2004 年（平成 16 年）に改修工事を行いましたが、職人による技術で当時の外観を残しつつ再生しています。

建物の特徴は、2 階東側の角に線対称になっている四分円（しぶんえん）状の窓と、その間にあります独創的な柱頭を持つ付け柱が特徴的です。

その下部は建物角を切り落とした形状で、多面体を構成し、その上には弧のカーブが美しい円形の庇があります。

外壁にある複数の窓は、ガラス面が格子で細かく区切られていて、一部が色ガラスになっています。

ガラス面は独特な凹凸があり、陽光越しに入ってくるやわらかな光と、ステンドクラスの様な色ガラスを通した素敵な演出の光下、食事を楽しめます。

室内は 1 階が洋風な造りに対し、2 階は和風な造りで、欄間（らんま）や格（ごう）天井も見応えがあります。

四分円状の窓と、建物外に突き出た庇の曲線的なイメージに対して、建物上部の水平方向に延びる庇のラインと、建物壁面に多数配置された窓は直線的なイメージがあり、その組み合わせは独創的です。
木造和風建築が主流の時代において、今まで見たこともないような造りの洋館での食事と、当時珍しい牛肉を用いた西洋料理は、人々に新しいスタイルと体験を提供し、人々を魅了したことでしょう。
それは令和になっても、変わりません。
モダン亭太陽軒は現在でも「セセッション」であるから。

■補足
本書では日本国内で最初に「セセッション」という用語説明を行ったとされます『建築ト装飾』セセッション号　増訂三版（建築ト装飾社）の表記に準じて、用語を統一しています。

「モダン亭 太陽軒」公式ホームページでは「ゼセッションスタイルの洋風モダン建築」と紹介されていますが、「ゼセッション」も「セセッション」と同意でありますことを補足しておきます。

建物南側　直線と曲線の組み合わせによるデザインは独創的

店内１階　ノスタルジックな空間

店内２階　和洋折衷な空間

付け柱の柱頭
デザインがお洒落

四分円状の窓と円形の庇
直線と曲線の組み合わせが面白い

文字看板と入り口扉
デザインセンス溢れる入り口扉

ガラス表面
色と、凹凸感が素敵

■建物の特徴

建物の過去と現在

1929年（昭和4年）頃

2020年（令和2年）

■聖地巡礼　作品名

映　画　『海月姫』

ＣＭ　『西武鉄道 2019年 川越縁結び篇』

小　説　『活版印刷『三日月堂』小さな折り紙』

他

活版印刷『三日月堂』小さな折り紙
著：ほしお さなえ　ポプラ社

「文芸的川越之街並」　其之 二

「モダン亭太陽軒」

　名は体を表すとよく言うが、「モダン」の名にふさわしい外見である。
明るい色合いの壁やステンドグラス風の窓のカラフルさは当時「幸せの象徴」だったのではないか。
家族そろっての外食。
初めて食べた洋食が好物となった人も多いことだろう。

太陽の
　国の知らない食べ物が
　　今じゃ好物 父母私　　104hero

川越の街並みや建物を詩や俳句、短歌で表現してみました。
それとほんのちょっとの思い出話と妄想を…
　　　　104hero（ラジオ川越「104heroの文芸秘密基地」パーソナリティ）

手打そば 百丈

手打そば 百丈

旧　湯宮釣具店

川越市　元町 1-1-15
1930 年（昭和 5 年）築

■建物概要と歴史

川越市役所前の東西の「本町通り、初雁城通り」と南北の「県道 51 号」交差点すぐ南西にお洒落な看板建築があります。
現在は「手打そば 百丈」の建物で、木造 3 階建ての外観は緑青色の銅板に覆われています。

1930 年（昭和 5 年）築の建物は、建物北側上面に「つり具」と文字看板がありますように、元々は「湯宮釣具店」として、利用されてきました。
店舗併用住宅として、1 階部分は店舗、2 階は住居、3 階は倉庫として長く利用されてきましたが、大型釣り道具店の台頭もあり、その後お店は閉店して、数年間は空き家になっていました。

歴史ある素敵な建物を保存すべく、立ち上がったのが田中利明さんです。
18 ページで紹介しました「川越アートカフェ エレバート（旧　桜井商店、のちの田中屋美術館）」同様、放置された空き家を保全のために購入したのが田中さんでした。
田中さんと、現在の店主 鈴木千世（ちせい）さんの母親とは知り合いで、建物を借り、内外装を修復したのが、1997 年（平成 9 年）になります。
そして、その翌年 1998 年（平成 10 年）に蕎麦屋として、再始動しました。

建物を購入した田中さん、修復した鈴木さんのご両親は共に建物の外観を大変気に入り、傷んでいた建物を修復し、内部を改装したので、大金を要したとのことです。

建物の特徴は、昭和初期築の看板建築で、緑青色の銅板に覆われた造りになっています。
これは「緑青（ろくしょう）」と呼ばれ、銅の化学変化によって、元々の茶系の銅板から変色して、銅板の表面に皮膜を作り内部の腐食を防ぐ効果や抗菌力があるといわれています。
壁面の銅板は馬の足跡のように半歩ずつずらしたような銅板貼りで、「馬貼り」と呼ばれています。
各階の境には軒蛇腹（のきじゃばら）を有しています。

面白いのは、建物正面の２階部分と、３階部分のデザインが異なることです。
窓上部にある庇は、２階部分は傾斜線と水平線とを組み合わせたデザインになっている一方、３階部分は半円状と、その形状が異なります。
また、２階部分のみ４本の付け柱を有し、その柱の形状は半円状で、柱頭にはシュロの葉をイメージした装飾があります。

この４本の付け柱と、３階に比べて一回り大きい窓の存在で、下から見上げた際に、より大きな建物に見えるような工夫が見られます。
２階部分の重厚的な造りと、３階部分の造りの差によるものです。
訪問した際には建物を遠目で見ることに合わせて、下から見上げることもおススメします。

建物を下から見上げるといえば､さらに建物を見る楽しい部分があります。
店主の鈴木さんから、追加で２箇所教えていただきました。

１箇所目は、建物１階部分の庇の下部（軒裏）になります。
店内入り口前から上を見ますと、花のレリーフが幾何学模様のように並んでいます。お洒落で可愛らしいデザインで、とても素敵です。
残念なことに多くの人は気付かないで、店内に出入りしているのではないでしょうか。
建物をつくられた方の粋な演出が見て取れます。

2箇所目は、建物正面入り口にあります。暖簾上の丸いマークです。
円形の土台に紅白の四角でつくられているマークは、建物を購入した田中さんの「田」の字をモチーフにしたデザインです。
このマークはこちらの建物だけでなく、実は本書の中で紹介している建物にも同形状のマークが登場しています。
「川越アートカフェ エレバート」で、マークは入り口上にあります。
「手打そば 百丈」、「川越アートカフェ エレバート」ともに田中さんが建物保全のため、購入したので、云わば「田中屋グループ」のマークといったところでしょうか。
貴重な建物の保全に関わった田中さんが残したこれらの建物は、現在も多くの人々を魅了続けています。

緑青色の銅板が美しい建物外観を鑑賞した後は、店内で自慢のお蕎麦も堪能してみては、いかがでしょうか。
お店自慢の蕎麦の食感、風味が楽しめます。
食後は軒裏に咲く花のご鑑賞もお忘れなく、お帰り下さい。

軒裏にある花のレリーフ

建物外観　3 階部分は 2 階に比べて一回り小さい窓を配置

“田” をイメージした「田中屋グループ」のマーク

■建物の特徴

3 階部分の庇
3 階は半円状のデザイン

2 階部分の庇
2 階は傾斜 & 水平線のデザイン

文字看板
台風の日に文字看板が落ちたとか…

4 本の付け柱
柱頭のシュロの葉がお洒落

■建物の過去と現在

1989 年（平成元年）

2020 年（令和 2 年）

建物外観　2 階部分は三連窓と 4 本の付け柱を配置

川越の建物
近代建築編

日本聖公会川越基督教会

日本聖公会川越基督教会

川越市　松江町 2-4-13
1921 年（大正 10 年）築

■建物概要と歴史

明治初期の 1873 年（明治 6 年）に太政官布告第 68 号によって、禁教政策高札の撤去が行われました。
このことによって、江戸時代初期から続けられてきた、禁教政策がなくなりはしましたが、国内で宣教を行うことはまだ容易ではなかったことが想像できます。
そんな時世、邦人最初の聖職であります田井正一 司祭が川越、東松山、熊谷にて、宣教活動を順次行い、1889 年（明治 22 年）に最初の礼拝堂を現在の川越市元町一丁目に建てました。
この建物は築数年だったにも関わらず、1893 年（明治 26 年）3 月に発生しました川越大火により消失してしまいます。
同年末に礼拝堂は再建されましたが、急場しのぎで建てられたため、使用上問題も発生し、礼拝堂の建て替え、移転などの話が上がるようになってきました。

その後、1908 年（明治 41 年）に現在の松江町の土地を取得しましたが、新たな礼拝堂を建てるには資金が足りない状況でした。
募金活動も行いましたが、僅かばかりの金額しか集まらず、当時ニューヨーク大学教授ピーターソン夫妻による多額の資金協力によって、礼拝堂再建を実現化します。

教授は日本刀の収集家で、新たな品を購入しようと考えていたところ、川越の礼拝堂建築の募金記事を夫人から見せられました。
寄付を希望する夫人の気持ちを大切にし、刀の購入を諦め、資金援助を行ったというエピソードが教会には残されています。

ピーターソン夫妻への感謝と記念を覚え、1949 年（昭和 24 年）頃、現在の礼拝堂の南側に木造平屋の会館が建てられました。

「ペターソン会館」と称された建物は、長く使用されましたが、2000 年（平成 12 年）の新会館建設に伴いまして、解体されました。

その姿は 80 ページ掲載の 1984 年（昭和 59 年）当時の画像で、建物の一部を確認することができます。

1921 年（大正 10 年）に再建された礼拝堂は、赤褐色の煉瓦を用いた中世イギリスのチューダー様式の西洋建築で、建物は礼拝堂部分と、鐘楼部分と、おおきく 2 つの部分で成り立っています。

建物の設計はウィリアム・ウイルソンさんで、アメリカの聖公会から派遣された建築家です。

この建物だけではなく、立教学院諸聖徒礼拝堂、日本聖公会熊谷聖パウロ教会、日本聖公会川口基督教会などの設計も手掛けられています。

建物には「日本煉瓦（れんが）製造 深谷工場」でつくられた煉瓦が使用されています。

この深谷工場は日本初の機械式煉瓦工場で、煉瓦は本建物の他、東京駅、赤坂離宮などで使用されました。

焼き煉瓦は、わざと同程度の焼き具合の煉瓦を選択するのではなく、焼き具合の程度を幅広く用いて、茶、こげ茶、黒と同系色でも様々な色を配置することで、壁面が単調にならないような工夫が見られます。

当時の焼き煉瓦は製品検査もなく出荷され、焼ムラや、変形も多く、程度の良い煉瓦を選定する作業が必要だったことが想像できます。

さて、同じ建築家の日本聖公会川越基督教会と日本聖公会熊谷聖パウロ教会は、建物の形状がほぼ似通っていて、その建物外観は見分けがつきにくい状況です。

それに加えて、両建物で使用されている煉瓦は、「日本煉瓦製造」の品と同一で、まるで双子の兄弟のような感じがします。

では、双子の兄弟をどう見分ければよいのでしょうか。

実生活では、ほくろの有無や、性格などで判別しますが、大きく異なる建物の特徴をお伝えします。
その特徴は、煉瓦の積み方です。

これら２つの教会はそれぞれレンガの積み方が異なります。
レンガの積み方には複数種類ありますが、煉瓦の長手と小口を交互に繰り返し並べ、積んでいく「フランス積み」と、長手だけの層と、小口だけの層を積み重ねていく「イギリス積み」があります。
日本聖公会川越基督教会は「フランス積み」で、立教学院諸聖徒礼拝堂も同じ積み方になります。
一方、日本聖公会熊谷聖パウロ教会は「イギリス積み」で 12 ページで紹介しました「埼玉りそな銀行 蔵の街出張所」と同じ積み方になります。
煉瓦一つとっても、このように建物の見え方が変わるところがあり、建物を見る面白さに繋がります。

次に、建物西側の尖頭アーチ窓は三連になっていて、これは三位一体を表現しているとのことです。

建物内部は、二重に梁を重ね、三角形を組み合わせた合掌造りになっています。
イエス誕生の馬小屋をイメージした小屋組みの梁は鋏（シザース）のような形状なので、「シザーストラス」とも呼ばれています。
これは、三角形状の構造（トラス）を選択することで、屋根にかかる力を分散する役目があります。
分散されたその力は側壁に負担がかかるため、補強の意味合いも含めて、建物外観の側壁部分には狭い間隔でバットレスと呼ばれる控え壁が多数設けられています。

また、礼拝堂の内部全体はノアの箱舟をイメージしているとのことです。
室内天井にある梁部分の形状が船体の骨組みにみえるからでしょうか。
このことについてもう少し調べてみますと、面白い話が見つかりました。
教会中央の会衆席、または教会内部は「ネイブ」と呼ばれています。

「ネイブ」は、もともとラテン語の舟（navis）を意味します。
ラテン語から派生した言語のひとつでありますスペイン語の（nave）は、「船舶による輸送」という意味で、礼拝堂の内部自体を船と見立てているのか、礼拝堂の内部の梁や束といった構造部分を逆さまにした船の骨組み部分と見立てているのか、想像力が掻き立てられるお話です。

この礼拝堂には、春分・秋分の日頃だけ、三連尖頭アーチ窓越しに光が入り込みます。
80ページ下段の画像のような光の存在は、いつも以上に神秘的な印象を受けます。

双子の兄弟のように似通った造りの日本聖公会熊谷聖パウロ教会に続いて、日本聖公会川越基督教会の建物も2021年（令和3年）に100周年を迎えます。
青空に映える煉瓦を用いた建物は、信仰と共に継承されてきた教会の歴史を物語っているような気がします。

■建物の特徴

尖頭アーチ窓（建物西側）
三位一体を表現しているとのこと

尖頭アーチ偽窓（建物東側）
建物反対側は偽の窓が…

バットレス
柱状の控え壁が多く存在

シザーストラス
開いた鋏が何本も…

■建物の過去と現在

1984 年（昭和 59 年）

2020 年（令和 2 年）

三連尖頭アーチ窓越しに入り込む神秘的な光は、春分・秋分の日頃だけ見られる

「文芸的川越之街並」　其之 三

「日本聖公会川越基督教会」

　この場所を説明するとき、「T字路の突き当り」と表現するが、
それはここに向かう視線だ。
この建物を背にしてここから何処かへ向かおうとすると、新鮮な光景が目に映る。
教会からまっすぐ伸びる道は夕陽に向かうかのようだ。
それはつまり、明日に向かうことにもなる。

「道の行く先」　104hero

教会を背にして立つワタシ

目の前には
一本の道
夕陽まで続く
一本の道

建物の上には
純白の心が
両手を広げ

夕陽と
街と
人々を
受け止めている

四角くて
三角な建物は
昨日と明日を
受け止めている

川越の街並みや建物を詩や俳句、短歌で表現してみました。
それとほんのちょっとの思い出話と妄想を…

104hero（ラジオ川越「104heroの文芸秘密基地」パーソナリティ）

アクサ生命保険 川越営業所

アクサ生命保険 川越営業所

旧 川越商工会議所

川越市　松江町 2-1-8
1927 年（昭和 2 年）築

■建物概要と歴史

旧 川越藩だった武蔵野台地の畑作地帯で栽培されるサツマイモのことを「川越いも」と呼び、その芋は甘みが特徴的です。
現在ではスイーツとして、様々な商品化がされていますが、芋をスライスしたシンプルな「芋せんべい」は今も残る川越の味です。

渥美（あつみ）清さん主演のドラマ「泣いてたまるか」の舞台にもなった川越の芋菓子店「芋十（いもじゅう）」の右隣にある石造り風の建物は、現在「アクサ生命保険 川越営業所」として利用されています。
この建物は元々「埼玉農工銀行 川越支店」として、1927 年（昭和 2 年）に建てられました。

農工銀行は各都道府県に設立された特殊銀行で、勧業銀行の子会社的な存在でした。
川越支店は 1898 年（明治 31 年）設立で、その後、日本勧業銀行及び農工銀行の合併に関する法律（勧農合併法）が制定され、1930 年（昭和 5 年）に日本勧業銀行に合併され、「勧業銀行 川越出張所」になりました。

その後、川越商工会議所が本建物を使用しました。
1938 年（昭和 13 年）に志義町（現在の仲町）の事務所から移転し、1970 年（昭和 45 年）に現在の場所に移転するまでの約 30 年間、本建物において、川越の商工業の改善・発展に貢献してきました。
後に「埼玉県信用保証協会」が使用し、現在に至ります。

アクサ生命保険の前身のひとつであります「日本団体生命」は、1934 年（昭和９年）わが国初の団体保険事業会社として誕生しました。
初代会長には日本商工会議所会頭を迎え、各地商工会議所の会頭などが経営を主導し、その後も団体保険の普及に取り組み、全国の商工会議所とアクサ生命保険との提携が行われてきました。

建物はアメリカの建築家フランク・ロイド・ライトさんの作風をモチーフにしたような造りになっています。
そのデザインは白くて平面的な壁に、ブロックのような直方体のパーツを複数個貼り付けたような建物正面の凹凸感が特徴的です。

建物正面の入り口は、そこを通り抜けた際に空間が広く感じられるよう、わざと小さく造られています。
この入り口の造りと、左右対称のデザインにもライトさん風な意匠が見られ、飾り気のない建物の中にも面白さが見られます。

建物正面　奥の空間が広く感じられるよう意図した入り口

■建物の過去と現在

1999 年（平成 11 年）

2020 年（令和 2 年）

建物正面　平坦な壁と直方体パーツ貼りによる凹凸感が面白い

川越商工会議所

川越商工会議所

旧　武州銀行 川越支店

川越市　仲町 1-12
1927 年（昭和 2 年）築

■建物概要と歴史

大正浪漫夢通りと、仲町の交差点と川越基督教会を東西に結ぶ道路とのＴ字路交差点にパルテノン神殿を彷彿させる立派な建物があります。
この建物は企業経営のサポートや、簿記、珠算などの検定試験の運営を行う「川越商工会議所」の事務所として、使用されています。

「川越商工会議所」は、1900 年（明治 33 年）に「川越商業会議所」として、本町米外三品取引所内に事務所が設立されました。
事務所はその後、1902 年（明治 35 年）に川越会館、1930 年（昭和 5 年）に川越郵便局 旧庁舎、1938 年（昭和 13 年）に 82 ページで紹介しました現 アクサ生命保険 川越営業所の建物へ移転しました。

途中、1927 年（昭和 2 年）に商工会議所法が公布・施行され、「商業会議所」から現在の名称であります「商工会議所」に変更がありました。

更に「川越商工会議所」創立 70 周年の 1970 年（昭和 45 年）には、新築移転を予定していた当時の埼玉銀行 川越南支店から建物を譲り受け、事務所を移転して、現在に至ります。

この建物は 1927 年（昭和 2 年）に「武州銀行 川越支店」として、建てられました。
建物の設計は前田健二郎さんで、武州銀行川越支店（現 川越商工会議所）以外にも、髙島屋 日本橋店、銀座千疋屋（せんびきや）などの建物を手掛けています。

建物の特徴は、古代ギリシャの列柱を思わせるドリス様式の柱が特徴的です。
この柱の上の方を見ますと、四角い台座の下に圧し潰されたお饅頭のような形状の柱頭があり、その下に柱部分があります。
この柱頭形状を「ドリス式」と呼び、パルテノン神殿と同じ様式です。
「川越のパルテノン神殿」と呼ばれる根拠は、ここにあります。

更に1階から別の階へと階を貫く「ジャイアント・オーダー」は、建物北側に5本、西側に4本と、巨大な柱が計9本もあります。
大きく存在感のある梁部分と巨柱の組み合わせは、見る人にダイナミックな印象を与えます。
また、コーニスや、玄関上のお洒落で、少し過剰な装飾は、バロック風をイメージさせ、気品さえ感じられます。

建物は外観の造りと高さから、3階ぐらいの高さの建物に見えますが、実際は2階建てになります。
室内1階部分はツーフロア分を吹き抜けにし、白い壁と高い天井で、非常に開放感があります。
交差点の隅角部に出入り口を設け、オーダーを配した銀行建築様式は、重厚感だけでなく、様々な装飾の華やかさも相重なり、個性的かつ印象的な建物になっています。

建物の北側の通りには、蔵造りの建物、西側の通りには看板建築と、趣きが異なる建物が密集しています。
これだけ狭い範囲で、様々な種類の建物を見て楽しむことができるため、街歩きのマストスポットと言っても過言ではないでしょう。

■建物の特徴

ジャイアント・オーダー
階を貫く巨柱が計９本も…

ドリス式の柱頭
潰されたお饅頭のような形状が特徴

コーニスの装飾
様々な意匠の装飾が各所に

玄関上の装飾
格式高いイメージの紋章

■建物の過去と現在

1989 年（平成元年）

2020 年（令和 2 年）

■聖地巡礼　作品名

ドラマ　『つばさ』
アニメ　『神様はじめました』

川越の建物
近代建築編

伊勢亀 本店

伊勢亀 本店

川越市　仲町 3-23
1914 年（大正 3 年）築

■建物概要と歴史

昔から川越は鯉やどじょう、うなぎなど川魚がよく獲れ、食されていました。
うなぎに関しましては、地元特産の醤油との相性もよく、蒲焼が流行ったと聞きます。
現在も川越市内には多くのうなぎを扱う店舗があり、その中の人気店「小川菊（おがきく）」が「大正浪漫夢通り」にあります。
連日、うなぎを楽しみたい多くの方々が列をつくっているその隣に、歴史を感じる看板建築の建物があります。

洋品店の「伊勢亀 本店」で、1914 年（大正 3 年）築の木造建築になります。
店主の木村ハマさんにお話を伺いますと、3 代続く洋品店で、木村さんの旦那さんが亡くなった後は、木村さん ひとりで店の切り盛りを行っています。

現在は婦人服を中心にした商品ラインナップですが、以前は紳士服や、学生服、子供服など総合的に取り扱い、小売り販売だけでなく、近隣の店舗や、行商人、同業者への卸し販売も合わせて、お店は繁盛しました。

1955 年（昭和 30 年）には川越市が周辺の村々と合併し、それを記念したイベントが開催され、ミス川越が選出されています。
当時、伊勢亀本店で働いていた店員がミス川越グランプリに選ばれています。
また、同じ頃、お店は合理的な経営が認められ、中小企業庁から表彰されました。
看板に「伊勢亀 本店」とありますように、以前は支店を複数店舗を持っていましたが、時代の移り変わりもあり、現在はこちらの本店のみ営業しています。

大正時代築の建物正面の看板建築化を1930年（昭和5年）に行いました。中央にあります右横書きの文字看板は、「龜」の字の一部が損傷し、無くなっていますが、歴史を感じます。
建物正面下部を見ますと、左には四角形を組み合わせた形状の紋様があります。

その反対側、右側には茶色のタイルで彩られた紋様があります。
建物外から見ますと、柱の一部に見えますが、隣のガラス戸を開けますと、ショーケースの土台部分であることが分かります。
このショーケースは、おそらく大正から昭和初期の頃につくられたもので、対面販売が中心の中、現在のように商品をケース内に展示して販売することは当時では珍しいことだったことと思われます。
その土台部分は網代紋様になっています。
この紋様は、和算で用いた計算道具「算木」を崩した形で、3本ずつ縦横に配置した紋様を「三崩し」、5本ずつだと「五崩し」と呼ばれています。6本ずつなので、「六崩し」といったところでしょうか。

店舗1階部分は引き戸で、窓を大きくとっています。
ガラス越しの景色が曲がって見える「大正硝子」で、現在では非常に貴重な代物です。

モダンな外壁と、洋服が外から見られる大きな窓ガラス、購買意欲を掻き立てるショーケースの存在、そしてミス川越グランプリに選ばれた店員の存在は、かつて多くの人々を魅了し、賑わっていた様子が、お店の歪んだガラス越しに見えてきそうな感じもします。

※　本書では「伊勢亀 本店」と表記します。

■建物の特徴

3 連窓
看板建築といえば、三連窓

文字看板
「龜」の文字が一部欠けています

四角形を組み合わせた紋様
何のマーク？

ショーケース土台部分の網代紋様
算木がモチーフのデザイン

「龜」の字が残っていた頃

「文芸的川越之街並」　其之 四

「伊勢亀 本店」

　建物以上にその「看板」に時の流れを感じさせる場所。
文字は木製なのだろうか。
「本」の字はそのかすれ具合からスピード感のようなイメージが醸し出されているのが面白い。
　そして「龜」の字だけ、劣化が激しいという偶然にも何か歴史の思惑があるのではないかと考えてしまう。
「歩みののろい亀」が幾年月を過ごすとこのようになるのであろうか。
この「龜」の字は川越の季節の移り変わりを楽しんでくれたのだろうかと心配しながら、今年も春が通り過ぎていく。

龜の字も

　　崩れゆくほど

　　　　　　春過ぎて　　　104hero

川越の街並みや建物を詩や俳句、短歌で表現してみました。
それとほんのちょっとの思い出話と妄想を…
104hero（ラジオ川越「104heroの文芸秘密基地」パーソナリティ）

味の店 いせや

味の店 いせや

川越市　連雀町 13-6
2003 年（平成 15 年）築

■建物概要と歴史

行商人が重い荷物を背負う際に用いる道具に「連雀（れんじゃく）」がありました。
この連雀を背負って市から市へと移動する商人たちは「連雀衆（れんじゃくしゅう）」と呼ばれ、蓮馨寺（れんけいじ）の門前で連雀衆が店を出しました。
これが町名「連雀町」の由来と聞きます。

この連雀町で和菓子・だんご・御飯物を提供するお店があります。
お店は 1935 年（昭和 10 年）創業の「味の店 いせや」です。
手づくりにこだわり、日々の丁寧な仕事、気取りのない昔ながらの味わいで、お店は 90 年近く地元川越のお客様に愛され続けています。

建物は老朽化もあり、2003 年（平成 15 年）に建て替えられました。
現在は鉄骨 3 階建てで、一部木造の洋風町家になっています。
建物は隣の「シマノコーヒー大正館」と軒の高さが揃うようデザインされ、洋風町家に欠かせない 3 つの縦長窓が配置されています。

建物上部に目を向けますと、大きなかまぼこ型の屋根が見られます。
半円に見える部分は正多角形状だと、店主 藤井修さんの説明がありました。
そして、この屋根の下にこそ、建物一番の見どころがあると、特別に 3 階室内部分を取材することができました。

室内 3 階に上がりますと、そこには天井一面に無数の材木が幾何学模様的に組み合わさったデザイン性の高い梁がありました。

梁と梁とを一定角度で組み合わせた網代状の木の梁は、これまで見たこともないような空間演出です。
残念ながら、店舗部分以外の場所は公開はされていないため、網代状の木の梁は、近くで確認することはできない状況です。

しかし、建物外からならば、その様子を見ることができます。
光の関係で、昼間は外からは見えにくいのですが、少し暗くなってから建物の前を通る機会がありましたら、是非上を見上げてみて下さい。
タイミングがよければ、ライトアップされた網代状の木の梁を遠目に楽しむことができるかも知れません。

建物外壁は、天然石の洗い出し仕上げになっています。
建物の外壁表面部分を近くから見ますと、小さな石粒の凹凸感を確認できます。
次に建物前の通りから、建物全体を見ますと、先ほどの建物外壁の石の質感とは異なった色合いに映り、黒くて重厚感ある建物に見えます。
石の粒をマクロ的視点で見るか、ミクロ的な視点で見るかによって、その表情、色合い、質感と変化するということに、発見があるかもしれません。
是非、皆様も同様にお楽しみ下さい。

建物正面部分には「いせや」の文字看板があります。
これは銅板を文字の形に加工しています。
銅板は文字看板以外にも正多角形状の屋根部分や、軒天 等にも使用されています。

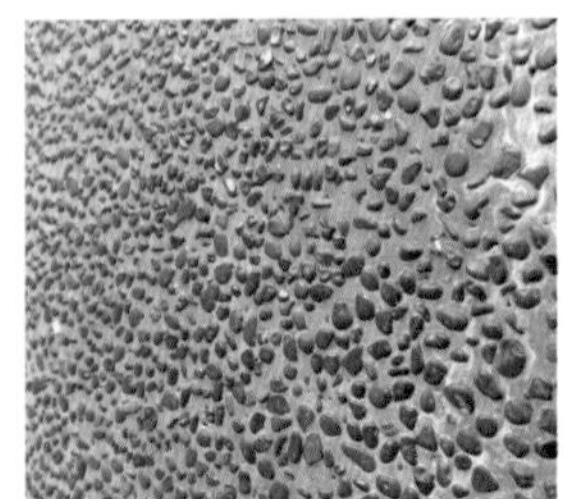

マクロ的、ミクロ的視点で楽しめる外壁

現在は化学変化と経年経過で黒く変色した銅板ですが、建物が完成した頃は文字看板も屋根も鮮やかに光り輝いていたと、藤井さんは話しています。

１階の店舗部分は天井、壁と珪藻土を用いて白く仕上げられていて、明るい店内になっています。
天井部分は、多面体で構成された立体的な格子天井になっています。
この通路天井部分の格子天井は、通路手前からと、その逆に奥からと、見る方向によって見え方が異なる仕掛けがあります。
お店に入る時、買い物を終えて出る時にでも確認してみて下さい。

「手を使ってつくると、味が違う」と藤井さんは語ります。
手づくりにこだわる藤井さんの前向きな姿勢に、お店に祀られている姥尊（おんばさま）の厳しい表情も少し和らいで見えたような気もします。

網代状の木の梁

■建物の特徴

かまぼこ型屋根
半円ではなく、正多角形状です

網代状の木の梁
デザイン性が高く、素敵な空間演出

天然石洗出しの外壁
石の質感をよく見て！

立体的な格子天井
通路の手前・奥からで見え方が…

■建物の過去と現在

1984 年（昭和 59 年）

2020 年（令和 2 年）

■聖地巡礼　作品名

アニメ　『神様はじめました』
アニメ　『月がきれい』
他

シマノコーヒー 大正館

シマノコーヒー 大正館

旧 丸栄呉服店

川越市 連雀町 13-7
1933 年（昭和 8 年）築

■建物概要と歴史

「大正浪漫夢通り」は、かつて「猪鼻町通り」と呼ばれ、西に平行する通り「中央通り」が開通する昭和初期まで、川越市内のメインストリートでした。
かつて、通りには馬車が走っていたという話を聞きます。
そして、多くの人々で賑わったとのことです。

通りを歩きますと、黄色と茶色のツートンカラーのオーニングテントと、洋風な造りの建物が一際目立つ建物があります。
「シマノコーヒー 大正館」で、1933 年（昭和 8 年）築の木造 2 階建ての看板建築です。
現在はレトロ感のある喫茶店ですが、元は呉服店でした。
1996 年（平成 8 年）に店主の島野晃さんが開業し、建物の改修を行いましたが、建物外観の 2 階部分は当時そのままとのことです。

建物は天然石洗い出しで、軒下にはデンティルと呼ばれる歯の形のような装飾があります。
2 階部分にはドリス式の柱頭をもつ付け柱と、三連アーチ窓を配置しています。

建物の正面上部を見ますと、穀物の束をイメージしたレリーフがあります。
現代風に言いますと、スワッグのレリーフと言えばよいでしょうか。
海外ですと、麦の束を飾り、古代から豊作と子孫繁栄をかなえてくれる霊がいると信じられてきました。
また麦や、小枝の束を戸口に吊るして悪霊が入るのを拒む文化地域もあります。

日本では、稲藁の束を綯う注連縄が有名ですが、両端がごぼうのように先が細くなっているごぼう注連の下にある「前垂れ」を付けた注連縄があります。

複数本の藁を束ねた形状の前垂れは、正月に飾る注連飾りとは異なり、常時飾る注連縄の一種で、邪気を払う意味があります。

また稲藁の束を飾る文化は、五穀豊穣を祈ることもあり、穀物状のレリーフは邪気退散と、商売の繁栄を祈り、配置されていると思われます。

本書内で紹介しています複数の建物で、同じような形状のレリーフが確認できます。

異なる大工棟梁、建築家が手掛けているのですが、異なる建物でも同じようなレリーフが、同じような場所に配置されている点に面白さがあります。

店内は格天井から釣り下げられた球形のペンダントライトや、蛍光灯のシェードは呉服屋時代のものをそのまま使用していて、建物外観だけでなく、店内もレトロ感があります。

建物がある場所は、建物両隣に「大野屋洋品店」、土蔵造りの「吉田謙受堂」、「味の店 いせや」と、本建物と、4 軒も素敵な建物が並んでいます。

素敵な建物が密集しているため、ドラマやアニメ作品にもよく登場しています。

建物を見て、歩き疲れたら、コーヒーブレイクはいかがでしょうか。

蒸気圧を利用したサイフォン式の自家焙煎珈琲は、まろやかな口当たりと、香りが高く、飲んで、また少し歩こうかと活力が出てきます。

■建物の特徴

デンティル
歯をモチーフにした装飾

付け柱と三連アーチ窓
柱頭にはまた潰れた饅頭が…

スワッグのレリーフ
邪気退散と、商売の繁栄を祈る

格天井とペンダントライト
レトロ感があります

近代建築と土蔵造りの４軒が並ぶ「大正浪漫夢通り」

■聖地巡礼　作品名

映　画　『陰日向に咲く』
ドラマ　『コシノ家の闘う女たち
～肝っ玉お母ちゃんとパワフル三姉妹～』
特　撮　『鎧勇騎（がいゆうき） 月兎（げっと）』
Ｃ　Ｍ　『西武鉄道 2019 年 川越縁結び篇』
アニメ　『神様はじめました』
アニメ　『月がきれい』
他

「文芸的川越之街並」　其之 五

「シマノコーヒー大正館」

　店内の黄色い照明と外観の色合いのコントラストが幻想的な気持ちにさせてくれる。
「大正色」といえばいいのであろうか。
川越のモダン建築によくみられるカラーリングである。

「黄色い灯の中で」　104hero

　黄色い灯に誘われて
　今日もあの店にいきましょう

　珈琲豆を挽く音と
　珈琲を入れる音
　珈琲の薫りと
　あの人の笑い声

　明日もきっといくでしょう
　黄色い灯が忘れられなくて

川越の街並みや建物を詩や俳句、短歌で表現してみました。
それとほんのちょっとの思い出話と妄想を…
104hero（ラジオ川越「104heroの文芸秘密基地」パーソナリティ）

大野屋洋品店

大野屋洋品店

川越市　連雀町 13-10
1930 年（昭和 5 年）築

■建物概要と歴史

蓮馨寺（れんけいじ）境内には相撲、芝居、見世物など様々なイベントが開催され、賑わいました。
昭和初期頃まで、蓮馨寺の境内は現在よりも広く、現在の「大正浪漫夢通り」辺りまで拡がっていました。
この南北に延びる「大正浪漫夢通り」と、蓮馨寺から東西に延びる「立門前通り」の交差点角に石造り風のお洒落な建物があります。
1930（昭和 5 年）築の建物「大野屋洋品店」で、大正時代から続く衣料品店になります。

3 代目店主の大野健三さんに話を伺いますと、現在は婦人服や学校で必要な衣料品販売が中心ですが、以前は総合衣料品店として、かなり賑わったようです。

お店横を南北に通る「大正浪漫夢通り」は、以前は「銀座商店街」と呼ばれるアーケード街でした。
1995 年（平成 7 年）にこのアーケードを撤去する際に、商店街入り口の建物であります店舗外観のリフォームが行われることになりました。
建物の外観に関しましては、デザインコンペが行われ、現在のデザインが選ばれています。
石畳が敷き詰められた商店街に相応しい、お洒落で、個性的な外観に見応えがあります。

建物は石造り風の建物に見えますが、実際は木造 3 階建てになります。

1階部分は店舗で、ショーウインドーを多面的に配置した開放的なデザインになっています。
これだけ大きな窓を多数配置した造りは、まるで老舗百貨店のショーウインドーの様です。
ショーウインドー上の欄間部分は櫛型で、その中央には可愛らしい花束のレリーフがあります。

2階部分は洋風な石造り風の外観に対して、横長の窓に和風の白格子紋様を複数配置しています。
白格子は二重線の組み合わせによって、大小の菱形が交互に見られる紋様「二重菱」になっています。
菱形の由来になっている水草「菱」をモチーフにした紋様は、生命力の強さと繁殖能力の高さから、無病息災、子孫繁栄の願いがこめられた縁起の良い紋様と聞きます。

3階部分は和風の屋根瓦を持つ半切妻屋根になっています。
建物の北側は屋根の形状が分かりやすく、建物南側とはまた異なる感じに見えます。
建物北側には二連窓が配置され、その上にはアーチ型の飾りがあります。
二連アーチ型の飾りは、普通に通りを歩いていると、気付きにくいので、注意深く観察してみて下さい。

建物は横方向に広く、石造り風の外観もあり、ドッシリした安定感と重厚感を感じます。
一方、窓上にある欄間部分の花束のレリーフや、白格子紋様の窓ガラスといった和洋折衷なデザインは、少女趣味的な可憐さがあります。
建物外観の石造り風な洋風のイメージと、屋根瓦の組み合わせや、重厚感と、可憐さのミスマッチが、建物の魅力を高めているような気がします。

交差点角にあるこの建物は多くのテレビドラマにも登場しています。
ドラマのワンシーンを思い出しながら、街歩きはいかがでしょうか。

■建物の特徴

窓上の欄間部分にある花束のレリーフ
可愛らしい花束のレリーフ

半切妻屋根と二連窓
窓上の二連アーチ型の飾りも素敵

横長の窓に“二重菱”の紋様
“二重菱”は縁起の良い紋様だって

半切妻屋根
建物の南北で違った表情です

■建物の過去と現在

1984 年（昭和 59 年）

2020 年（令和 2 年）

■聖地巡礼　作品名

ドラマ　『つばさ』
ドラマ　『コシノ家の闘う女たち ～肝っ玉お母ちゃんとパワフル三姉妹～』
ドラマ　『植木等とのぼせもん』
ドラマ　『プリンセス美智子さま物語 知られざる愛と苦悩の軌跡』
他

アーケードが印象的な「銀座商店街」の頃

「文芸的川越之街並」　其之 六

「大野屋洋品店」

　洋品店のウィンドウに飾られた洋服たちは街の移り変わりと街ゆく人々を眺め続けている。
春の風にそよぎ、夏の暑さを避け、毎日同じ場所に居続ける。
売れてしまい、服が変わると、人々はそれに気づき、笑顔になるのかもしれない。

彩彩(いろいろ)な洋服そよぐ街角は

何か変わって何も変わらず　　104hero

川越の街並みや建物を詩や俳句、短歌で表現してみました。
それとほんのちょっとの思い出話と妄想を…
104hero（ラジオ川越「104heroの文芸秘密基地」パーソナリティ）

おびつ玩具店 第二売場・LIFE・彩乃菓

おびつ玩具店 第二売場・LIFE・彩乃菓（あやのか）

川越市　連雀町 10
1932 年（昭和 7 年）頃築

■建物概要と歴史

本川越駅から、蔵造りの建物が立ち並ぶ「一番街」へ向かう途中、蓮馨寺（れんけいじ）の前に看板建築風の建物があります。
「おびつ玩具店　第二売場」で、模型専門店になります。

前にある蓮馨寺には呑龍上人（どんりゅうしょうにん）が祀（まつ）られ、子育て、安産を叶える仏様として有名です。
昔から親子連れでの参拝者も多く、「子ども」を対象にした商いを検討していた模型店店主の父 帯津佐四郎さんは玩具の販売を考えました。
ちょうど店前の通り「中央通り」の開通に合わせ、このお店の道路反対側で「おびつ玩具店 本店」を始めたのが、1932 年（昭和 7 年）頃の話になります。
当時の蓮馨寺境内では、相撲やサーカス、見世物などが催され、参拝以外にも多くの人々が集まりました。
子ども向けの玩具の販売は大当たりして、「おびつ玩具店」は玩具、模型、季節人形などを取り扱う市内に複数店舗を構える玩具店になりました。

現在の店主は大学卒業後に 1960 年（昭和 35 年）に家業を継ぎ、その時に「第二売場」において、模型専門店を始めました。
この建物は本店と同じく 1932 年（昭和 7 年）頃の築で、化粧品店、靴屋を経て、現在に至ります。

この建物の右側をよく見ますと、1 軒の建物ではなく、右隣の建物と繋がっていることが分かります。

看板建築風の古さが残る建物北側部分と、現代風な建物に見えます建物南側部分とは、1軒の長屋になっています。
ここまで意匠が異なる建物外観は珍しいと思われます。

現代風の建物南側部分は、昭和初期の頃には「中央食堂」と呼ばれ、本書58ページで紹介しています「モダン亭太陽軒」の2号店として出店していました。
その後は、魚類、鳥類を中心としたペットショップ「川越水族館」、そして、雑貨屋などを経て、現在はカジュアルなフレンチ / イタリアン料理を提供するお店「dining kitchen LIFE」と、四季の彩（いろど）りを和菓子で提供する「彩（あや）乃菓（のか）（AYANOKA）」が利用しています。

建物南側部分は、緩やかな曲面状になっているR部分と、多数配置された2階部分の窓に、建物の特徴と建築当時の名残りが見られます。

建物西側　意匠が異なる建物外観

一方、建物北側部分は、建築当時の様子をそのまま残しています。経年経過により、モルタルで覆われた外壁部分は汚れ、取り外された庇の跡が白くクッキリ残るところに、建物の歴史を感じます。

「おびつ玩具店 本店」は、2017 年（平成 29 年）に建物南側を東西に結ぶ「立門前通り」沿いに移転しました。
店内に山積みされた大量の玩具は、数十年前の商品から最新のものまで、多く取り揃えています。
玩具店、模型店共に圧倒的なアイテム数で、子どもたちを魅了した販売方法は現在も変わらず行われています。

玩具中心の「本店」、夜、週末と不定期営業の模型店「第二売場」と、80 歳を超えた店主は、今日も売り場に立ち続けています。
生涯現役を貫き 60 年近く、お店を続けていること、それと大量の玩具を手に、商品について語る姿勢は、真の「玩具」好きということが伝わってきます。

建物南側　2 階部分に多数の窓を配置

■建物の過去と現在

1955 年（昭和 30 年）

2020 年（令和 2 年）

■聖地巡礼　作品名

アニメ　『月がきれい』
情報誌　『埼玉のグルメって
　　　　　どう思いますか？』
他

建物の角は曲面

おびつ玩具店 第二売場

Blue Fairy

Blue Fairy

旧　相亀洋品店

川越市　連雀町 16-8
大正時代頃 築

■建物概要と歴史

凹凸のある石畳を裸足で歩く「足踏み健康ロード」がある川越熊野神社は、酉の市でも有名です。
この神社の鳥居近くの連雀町繁栄会の通りを朝早く通りますと、往来する人々の歩みを止めるシャッター画が素敵なお店があります。
この店舗のシャッターには川越市内の古地図が描かれています。
元絵は 1694 年（元禄 7 年）川越図という古地図で、江戸時代当時の町名に加えて、現在の町名や、観光名所の位置が細々と描きこまれているため、夢中になって見入ってしまいます。

建物正面に「相亀（あいかめ）」と大きな看板があるこの建物はかつて「相亀洋品店」として、利用されていました。
現在のオーナーであります 3 代目の小島さんにお話を聞きますと、小島さんの祖父であります初代　小島亀治郎さんが、「相亀洋品店」を 1909 年（明治 42 年）に開業しました。
当時はまだ着物を着る機会が多く、洋服を取り扱う洋品店が少なかったことから、洋品店はかなり繁盛し、事業は繁栄しました。
当時は川越市内の高額納税者として名を連ねたとのことです。

2 代目のお父さんが 1971 年（昭和 46 年）にお亡くなりになった後は、お母さんが帽子専門店「あいかめ帽子店」として、開業しました。
2001 年（平成 13 年）まで事業を続け、その後、商売は止め、個人宅としての建物利用に留まっていました。

その後、建物を有効活用するため、「相亀 百縁所」という、地域のご縁を拡げる場所として、様々なセミナーや会合、お稽古事、展示などで活用されました。
2020 年（令和 2 年）には手作り帽子専門店「Blue Fairy」が開業し、現在に至ります。

木造 2 階建ての建物は正面と側面をコの字状にモルタルで覆った看板建築風の造りになります。
ファサードの印象から一軒家のような造りですが、左の草木染のお店「工房艸」とは、同じ建物で、2 軒長屋になっています。
大正時代築の建物は、外観の良さを残すように配慮した改修の甲斐もあり、古さと新しさが混在した建物として、大切に利用されています。

近くを散策しますと、城下町を感じる道路の形状や、郭や掘の跡といった土地の起伏などが、現代でも要所要所で見られます。
今歩いている場所がどのような所であったのか、古地図を確認しながらの街歩きはいつもとは違った発見があるかもしれません。

お洒落なシャッターで、休店日も華やかな感じに

■建物の過去と現在

2007年（平成19年）

2020年（令和2年）

■聖地巡礼　作品名

『神様はじめました』

他

手作り帽子専門店「Blue Fairy」代表
ラジオぽてとパーソナリティを務める
マツモトケイコさんが担当する
『川越路地てくてく散歩』は146ページ
に掲載します。

草木染のお店「工房艸（そう）」

福田屋書店

福田屋書店

川越市　久保町 4-6
1929 年（昭和 4 年）築

■建物概要と歴史

毎月 28 日に蚤の市（骨董市）が開催されている成田山川越別院本行院近くの通りに、同じようなデザインの建物が 2 軒並んでいます。
その片方の建物が今回紹介します「福田屋書店」になります。
こちらのお店は、明治時代に小間物屋として開業した後に書店業を始め、現在に至ります。
開業当時は書店での書籍販売だけではなく、近隣の学校の教科書や川越の絵葉書などの発行も自ら行っていました。

現在、書籍は一般的に業界三者（出版社・取次・書店）を通じて消費者の手に入る形を取っています。
書籍の発行を行う出版社、問屋としての取次、そして書籍販売店としての書店があります。
明治時代中期頃から現在のような出版業界の形ができてきましたが、それまでは「福田屋書店」のように自ら書籍を企画、発行する出版業と、他書店への卸し業と、自店での販売を行う販売業とを掛け持つ業務形態の書店も少なくありませんでした。
（他に古書店との兼業の場合もあります）
現在も一部書店において、書店部門と出版部門と分かれている企業がありますが、当時の名残かもしれません。

活字文化全盛の時代、店頭での販売、近隣への配達だけではなく、お店は学校の教科書販売の他、近隣の学生向けに学校関連商品などの販売なども行い、繁盛しました。

現在の建物は1929年（昭和4年）に建てられました。
路地を挟んで並ぶ2軒の建物はデザインや統一感があります。
いずれも隣に住む大工棟梁が手掛けたもので、以前は棟梁の自宅、「福田屋書店」、「太田屋茶店」と3軒並びで洋風なモルタル造りが立ち並んでいたとのことです。

建物の特徴は、隣の「太田屋茶店」ともに人造石の洗い出し仕上げの洋風な造りになっています。
「洗い出し」とは、壁の表面が乾かないうちにモルタルの表面部分を水洗いして、小石を浮き出させたものです。
小石粒の大きさや凹凸によって、壁の表情が変化するこの技法は、遠目だけではなく、壁を近くで見ることや、建物を見る角度を変えると、建物の違った面が見えてくるかもしれません。

建物上部に施されたレリーフパネル部分と、窓枠上部両脇に配置しているスワッグのレリーフは、建物を見る人へ可憐な印象を与えています。

隣の「太田屋茶店」も同じ年の築ですが、建物側面の縦縞模様や、柱のレリーフなど「福田屋書店」とは異なりつつも、建物の調和が見られます。

建物を楽しんだ後は、お店右横にある路地をお進み下さい。
路地を北上し、T字路になりますが、そこを左へ（西側）進みますと、「鈎(かぎ)の手」と呼ばれる直角の曲がり角が続く、細道があります。
クランク（桝形(ますがた)道路）と記せば、よいでしょうか。
通りは「七曲がり」と呼ばれ、川越城への侵入を拒むために造られたものです。

この路地を抜けますと、近くには100年を超える古民家の建物（ゲストハウス＆カフェ ちゃぶだい）、永島家住宅（旧武家屋敷）が並んでいて、近代建築とはまた違う建物の魅力を感じ取ることができます。

■建物の過去と現在

1999 年（平成 11 年）

2020 年（令和 2 年）

スワッグのレリーフ

甘味処 川越 あかりや

甘味処 川越 あかりや

旧　吉田綿業

新富町 1-9-2
1938 年（昭和 13 年）築

■建物概要と歴史

川越駅を下りて、旧市街に向かう際に多くの人が通るのが、商店街「クレアモール」になります。
川越駅側の三番町通りから、北へ延び、通りは埼玉県道 15 号川越日高線手前までの約 1.2km と長い商店街になります。
「クレアモール」は英単語の Create（創造する）と Mall（遊歩道）の混成語で、「川越サンロード商店街振興組合」と「川越新富町商店街振興組合」と、2 つの商店街の統一名称になります。

この通りを北に進みますと、通り沿いの武蔵野銀行 川越支店の裏手に看板建築の建物が見えてきます。
この建物は「甘味処 川越 あかりや」で、1938 年（昭和 13 年）に建築されました。
建物は、寝具を取り扱うお店として建てられ、現在の店主の祖父母、両親と 2 代、60 年以上と長く商売を続けてきました。
お店の前には当時人気だったキャラクターのイラスト入り枕が多数展示されていたことを覚えている方も多いではないでしょうか。
お店の前を通る子供たちの多くは、必ずと言っていいほど、母親に枕をねだっていたことかと思われますが、書き手であります私もそんな子供たちの中の一人でした。

2002 年（平成 14 年）にお店は甘味処として、再スタートします。
その際に建物は改装され、木造建築の建物周囲はクリーム色のモルタルと、タイルの貼り付けで現代風になりました。

建物前面上部にあります大きな看板のような部分（パラペット）の立ち上がりは大きく、建物自体の存在感を出しています。
存在感と言いいますと、店内の太い柱や梁も挙げられます。
建築当初である昭和初期の頃の柱や梁を残しているため、木材の重厚感と歴史や趣を楽しみつつ、その下で甘味を楽しむことができます。
お店自慢の「あんみつ」は素材、見た目、食感などにこだわりがみられます。

お店を出て、直ぐの場所に視界いっぱいに入ってきます銀杏の巨木があります。
地元では「銀杏窪（いちょうくぼ）」と呼ばれるこの場所は、出世稲荷神社で、1832 年（天保２年）に、京都の伏見稲荷神社本宮より分祀（ぶんし）した神社です。
鳥居前にそびえ立つ２本の巨木は銀杏の樹で、樹齢600年を超えています。
高さは約 27m もあり、季節の移り変わりによって、緑から黄緑へ、そして黄色く葉の色も変わっていきます。
葉の色のグラデーションが美しく、食後の散歩におススメします。

店内

■建物の過去と現在

1938 年（昭和 13 年）

2020 年（令和 2 年）

寝具店の頃

リストランテ・ベニーノ

リストランテ・ベニーノ
旧　六軒町郵便局

川越市　田町 5-1
1927 年（昭和 2 年）築

■建物概要と歴史

川越市駅から旧市街地へ向かう途中、交差点角地に白い西洋的な木造建築が目に入ります。
存在感のある大きな破風屋根が特徴的な建物は、本格イタリアン料理を提供する「リストランテ・ベニーノ」が 1 階部分を、2 階部分はタイ料理店として利用されています。

この西洋的な建物は、1869 年（明治 2 年）創業の川越を代表する老舗材木店「カワモク」所有です。
敷地内に道路が開通したことでできた変形的な土地を上手く活用し、1927 年（昭和 2 年）に銘木のショールームを建築しました。
当時は、建物塔屋部分の 2 階部分まで吹き抜け状態で、床柱として使用される銘木を展示していたとのことです。

その 10 年後の 1937 年（昭和 12 年）頃には、建物北側部分を増築し、「六軒町郵便局」の局舎としての利用が始まりました。
局舎として長い間利用されましたが、防犯上の観点などから、郵便局は移転し、その後は楽器店、カルチャーセンター、「カワモク」事務所として、活用された後に、現在に至ります。

建物は、ハーフティンバー様式で、白壁と、茶色の柱、梁とのコンストラクトが顕著で、クッキリと縁取られたデザインが特徴的です。

建物南側は塔屋部分に見立てた造りで、大きな破風屋根と、三角形状に手前に突き出た外壁が建物の存在感を示しています。
また破風屋根下の窓は大きく、下げ下ろし式の窓が幾何学的に多数配置されています。

建物１階正面中央部分の破風屋根は「六軒町郵便局」局舎時代の入り口部分の名残りです。
古い写真と見比べることで、建物の歴史と変革を楽しむことができると思います。

川越散策の帰り道、一日の楽しい思い出をつまみにワインを合わせてみてはいかがでしょうか。
「リストランテ・ベニーノ」は、料理が美味しいのは言うまでもないのですが、お手頃な価格以上に美味しいワインもおススメです。

大きな破風屋根、白い壁に茶色の柱と梁が特徴的

■建物の過去と現在

1999 年（平成 11 年）

2020 年（令和 2 年）

「リストランテ・ベニーノ」入り口

ちょっとディープな
観光案内　　その１　　小江戸川越のらり蔵り

旧　鶴川座

現　旅籠 小江戸や ~ Hatago COEDOYA ~

一見すると、洋風近代建築に見える建物も、よく見ると純和風構造だったりします。
現在は解体された蓮馨寺(れんけいじ)前から伸びる立門前通りに存在した旧鶴川座。
特撮番組のロケなどでも使われており、一時期は聖地巡礼のひとつでもありました。
和様式の芝居小屋から洋風の劇場への変換は短期間に行われていたようです。
ブリキのプレス製品を使用した装飾を施し、道路側はいわゆる看板建築のように、内部は歌舞伎小屋の座席配置はほぼそのままにして、同じくプレス製品を使ったであろうパーツを貼り付けての洋風化。
これも看板建築の手法の言えるでしょう。
残念ながら、その面影は建て替えられたホテルの正面のパネルに残されるだけとなっています。

レンガ風タイル

ブリキ製品を使用した装飾

建物の過去と現在

2010 年（平成 22 年）

2020 年（令和 2 年）

■建物の概要

旧　鶴川座は 1898（明治 31 年）の築。芝居小屋は途中、洋風劇場へ改築され、映画館、ライブハウスとして使用されたが、2006 年（平成 18 年）に閉鎖。その後、保存について検討が重ねられたが、2019 年（令和元年）に解体に至った。

2020 年（令和 2 年）跡地には新たに 4 階建てのゲストハウス「旅籠小江戸や」が開業。観光客向けの飲食、宿泊の提供場として、地域にぎわいの創出の一翼を担っている。

旧　鶴川座

現　旅籠 小江戸や　～ Hatago COEDOYA ～

川越市連雀町 8-1

旧　みこもり煎餅

現　三井のリパーク 川越連雀町第3駐車場

川越市は有名スポット、菓子屋横丁を筆頭に市内各所に菓子を製造し扱うお店がありました。
今では観光地なりにおしゃれなお菓子というよりスイーツと言った方が良いかも知れません。
かつてはお煎餅等の米菓を焼く店舗もあり、当時の子供たちは小銭を握りしめて立ち寄ったものです。

蓮馨寺から立門前通りを歩くこと一つ目の交差点、かつての所沢街道（現大正浪漫夢通り）と交わる角にあった煎餅屋さんもその一つでした。
屋号は「みこもり煎餅」だったと記憶しています。
唐辛子を多用した「発狂くん」という銘柄が話題になったお店でもありました。

建物自体もかなり古く、廃業後は暫く放置状態となっており、その後は解体。
現在はコインパーキングになっていますが、解体途中の仮囲いの奥に煉瓦の竈(かまど)が存在していたのを見た事は鮮烈に記憶しています。

■建物の過去と現在

1989 年（平成元年）

2015 年（平成 27 年）

■建物の概要

旧　みこもり煎餅は 1 920 年（大正 9 年）の築。
木造トタン張りの洋風建築で、煎餅店として長年使用されたが、2008 年（平成 20 年）に閉店。
その 10 年後、2018 年（平成 30 年）に解体に至った。
現在、跡地は駐車場として利用されている。

旧　みこもり煎餅

現　三井のリパーク 川越連雀町第 3 駐車場

川越市連雀町 15-1

ちょっとディープな
観光案内　　その 3　　小江戸川越のらり蔵り

旧　吉原マシン工業

現　TERIOS TIME153 久保町 No.2

川越市の松江町から大宮に伸びる県道 15 号線。
江戸時代には大宮往還、昭和の一時期には国道 16 号線を名乗ったことのある通りは、今でも「久保町通り」と呼ばれることがあります。
川越城の埋め立てに使う土砂を採掘したから窪地へ、そこから久保町になった等の諸説がありますが、その久保町通りの東端にあった一軒の看板建築。
久保町には現在でも看板建築の建物が残っており、その中の一画で一際特徴的な存在だった建物でした。

モルタルで仕上げられた正面には、職人さんの手によるコテで仕上げられた装飾が施されていました。
そして何よりも目を引くのが右書きで表現された「東武タクシー」の文字。
恐らくはこちらもコテで描かれた文字なのでしょう。
美しく仕上がった造形は、ある意味での芸術と言った感じでしたが、残念ながら近年解体されてしまいました。

画像は 2013 年（平成 25 年）頃のもので、この時点での商いはされていなかったように記憶しています。

■建物の過去と現在

1989 年（平成元年）

2021 年（令和 3 年）

■建物の概要

旧　吉原マシン工業の建物は大正末期から昭和初期頃の築。
木造建築の前面をモルタルで覆った人造石洗い出し仕上げの洋風建築で、昭和初期頃までタクシー会社として使用された後、吉原マシン工業が長年使用され、2018 年（平成 30 年）頃に解体に至った。

数年間は更地状態であったが、現在は駐車場として利用されている。

旧　吉原マシン工業
現　TERIOS TIME153 久保町 No.2
川越市久保町 12-5

ちょっとディープな
観光案内　番外編　小江戸川越のらり蔵り

■丸広百貨店

1964年（昭和39年）に現在の川越市新富町に移転しましたが、当時のデザインはどことなく浅草の松屋百貨店を思わせるデザインでした。
現在はルーバーで覆われており、その姿を見ることはできません。

■建物の過去と現在

1970年代

2016年（平成28年）

■小江戸川越のらり蔵り

「ラジオ川越」パーソナリティ
ちょっとディープな視点で、マニアックな情報を加えた川越の街歩き、建物などの紹介を行っている。

近代建築編

川越　路地　てくてく散歩

マツモト　ケイコ

川越の二月の空は晴天に、少し風が冷たいが日差しは春真近。
よし！今日もお散歩しよう。
新しい発見。きょうもあるかな？

私のお店、帽子のアトリエ　ブルーフェアリー前を出発。
すぐ目の前にグッとくる
ショーウインドゥの婦人服　大野屋さん。
ここが大正浪漫夢通りの入り口。

そこから東へてくてく、ゲストハウス＆カフェ ちゃぶだいへ。
こちらは築100年を超える古民家で、肥料問屋さんだったそう。
その後は川越祭りの会所として利用していた。
そして、去年からちゃぶだいとして経営をされているそうで、縁台から中庭まで、古民家を生かしながらも、現代にも居心地よい空間を保っている素敵なカフェに変身した。

その後、川越教会のむかいにあるコーヒーギャラリー 川越小江戸でも休憩。
こちらからの眺めはカフェの窓越しに見れる教会がとても良い雰囲気でコ＝ヒーを飲みながらいつまでもながめたくなる。

相亀は元 紳士の帽子屋
ここからスタート

ブルーフェアリー店内
可愛い帽子がたくさん

窓越しに教会が見えて
とてもいい雰囲気

ゲストハウス & カフェ
ちゃぶだい

古民家内はカフェ
古い電話ボックスも

大野屋さんの大きな窓
花束のレリーフが可愛らしい

一番街を歩いてまっすぐ菓子屋横丁方面に近い札の辻のその先に
古い看板が残る裏路地。
そこだけかつての喧騒が。。目をつぶればよみがえりそうなバーの名前が
連なる看板がかかげられている。。
そこの一角にたたずめば、いつしかの酒場の女の恋歌がきこえるかしら？

そのまま、てくてく。神明町方面へ。
川越の町並みは和と洋が入り組んだ迷宮のようだ。
ここではメイン通りは多々あるガイドブックにお任せして、地元民が
立ち寄る裏路地をてくてく歩きたい。

そうしてるうちに大きくて立派な木に出くわす。
なんだか神々しいような大きな木が私に「見て！」って、話しかけるよう
にたたずんでいる。なんだか挨拶したくなる。
いつもそこにいてくれて見守ってくれるように大きな木やご神木を
見ることが多い。
川越は木や神社、仏閣、教会と神様があちこちにいてくれる。
それも見るのもおすすめ。

と、神々しいものを眺めながらも「あーおなかすいたなぁ！」
なんて、すぐ煩悩が出ちゃう私。
でも、すぐそこにランチできるお店は川越にはたくさんあるのです。
今日はここ。ミルキーウェイブへ。

ここのオーナーはとても気さくで 30 年はつづくカフェ。
(もっと長いような)
常連さんもたくさんランチにいらしていました。私は日替わりランチ。
あつあつクリーミィーなチキンドリアと彩きれいなサラダ、スープ。
食後にホットコーヒーとお得で美味しいランチに大満足。
体も暖まったところであとにしました。

挨拶したくなるような
大きくて立派な木

路地を進むと…

古い看板が残る裏路地
かつての喧騒が…

酒場には女の恋歌が流れる…

ミルキーウェイブ店内は
シックな感じ

アツアツで美味しい
チキンドリア

新河岸川沿いを歩いていると、水面に二羽カモが前進してくる。
可愛い～なんて寄ろうものなら小さい二艘の小舟がターンするように
さらーっとそっぽむかれちゃいました。ツンデレなのかな？
キラキラ輝く浅瀬の川面をながめたら思わず渡りたくなる飛び石の
川向いに可愛い公園が！？
見晴らしの良いひろばにパンダにお船もある～。
これはどれ位前からここにいるのかな？
ノスタルジーな公園にほっこりたたずむ。

そろそろ散歩もおりかえし。
菓子屋横丁、一番街を抜けて、蓮馨寺そばの裏路地へ。
昔ながらのお豆腐屋さんを過ぎると、長屋風であるが洋風建築の
アンティークショップとCaffe1925がある。
ここは1925年に建てられ、かつてダンスホールだった時もあり、
階段下のチケット売り場の窓が当時をものがたっている。
当時どんなファッションでこの辺りをエスコートされた淑女が通って
いたのか妄想をめぐらせながら場所を後にした。

蓮馨寺から大正ロマン夢通りはすぐそば。
熊野神社の境内を通り、自分の店まで戻ってきました。

川越の裏路地さんぽ。
のんびり、てくてくいかがですか？

食後は川沿いを散歩

パンダがいる公園

あっ！　お船もある

90 年以上前の建物
Studio1925

かつてはダンスホール
だったらしい

■今回紹介のお店

「ゲストハウス & カフェ ちゃぶだい」　三久保町 1-14

「コーヒーギャラリー 川越小江戸」　松江町 2-3-5

「カフェ & レストラン ミルキーウェイブ」　志多町 17-2

「Caffe1925」　連雀町 32-1

■マツモトケイコ

帽子のアトリエ　ブルーフェアリー 代表

「ラジオぽてと」パーソナリティ

川越の街歩きや建物など日々紹介している。

「ト書き」を画(え)にする、そして境界をなくす

株式会社 東映テレビ・プロダクション
美術監督　岡村匡一(きょういち)

建物、内装、室内に配置される家具や雑貨、また俳優が着用する衣装など、装置（大道具）、装飾（小道具）などと呼ばれる道具を用いて、求められる物語の世界観を表現するのが、「美術」の存在である。

今回、美術担当として多くの作品に携わってきた東映特撮作品の美術監督岡村匡一(きょういち)さんに取材することができた。

45年近くの活動には映画作品の美術担当の他、遊園地内にある特撮番組ヒーローショーの舞台美術なども手掛けられ、その経験から近年は特撮番組の美術監督として、美術という立場から総合的にプロデュースする「プロダクションデザイナー」として、活躍されている。
2018年から放映された特撮作品『快盗戦隊ルパンレンジャーVS警察戦隊パトレンジャー』をはじめ、現在放映中の『機界戦隊ゼンカイジャー』まで「スーパー戦隊」シリーズ4作連続で美術監督を務めている。

最新作『機界戦隊ゼンカイジャー』作品内に登場するお店「カラフル」を例に岡村さんは語る。
「カラフル」は主人公の祖母が経営する駄菓子屋兼カフェという設定。
岡村さんは作品のコンセプトを「大正モダン」に決め、舞台となる建物の外・内装や、そこに配置される調度品、小物など、デザイン案の作成からスタートした。

次にロケ地として使用される建物を選定する上でこだわったのが、ガラスの存在とのこと。

明治時代後期から大正時代にかけてガラスは量産化され、大正モダンにはガラスが不可欠であろうと、岡村さんは考えた。
また、大正から昭和初期にかけて建てられた「近代建築」こそ、コンセプトに合うと考え、窓ガラスを多数配置した洋風町家がロケ地として選ばれた。

作品内では複数色の色ガラスが配置されている他、複数色を用いたステンドガラス風の照明、さらに矢羽根模様のカラフルな壁紙が多く用いられ、「カラフル」という店名が連想される華やかな色合いの装飾が建物内各所に見られる。

「プロダクションデザイナーとして、ト書きを画にすることが役目」と岡村さんは語る。
「カラフル」という企画書の単語、つまり文字の並びしかない状況から、イメージを膨らませて、場面設定を考え、作品内のイメージを表現していく。

美術監督　岡村匡一　デザイン画　『カラフルの表』

この駄菓子屋カフェ「カラフル」は、本書30ページで紹介している「川越ホーム 蔵のまちコンサルティングオフィス」の建物外観が使用されている。
作品内では本建物をベースに演出が追加され、現実とは異なった外観に変化させている。

建物は歴史的な町並みを一体的に保存、整備していく「川越市川越伝統的建造物群保存地区」にあるため、建物には釘一本も打てない状況である。
そのため、現地での撮影時には色の付いたフィルムを実際のガラス上にテープ留めし、色ガラスに見立てるような工夫や、傷を付けないように配慮した撮影が行われている。

また、建物は観光客の多い場所で、度重なる撮影は困難であることから、スタジオ内には実際の建物と同じ大きさでセットがつくられ、撮影が行われている。
現地で建物の詳細部分まで採寸され、それから図面を起こし、立体化したセットの建物は、まさに川越の建物がそこにあるという状況。

さらに、建物外壁や床面の洗い出しは本物のモルタルや石ではなく、ベニヤ板を塗装によって石の様に見せていること。
壁や床面にある洗い出しの種石の粒は、実際に触れても本物のような質感で、塗装による表現とは全く思えない。

「作品を見た人が、セットと実際の建物との区別がつかない、つまり境界がない状況を作り出すことができたら、それこそが美術の力」と、岡村さんは語る。
セットだと分かっていてもそのリアルさは本物以上であることに、長年映画作品を手掛けてきた「東映」美術の力を実感することができた。

岡村さんは、作品の世界観をト書きから、画にする。
そして、画と現実との境界をなくし、人々に夢を与え続けている。

■岡村匡一　東映　代表作品

『それから』（1985 年）
『もりもりぼっくん』（1986 年）
『キカイダー REBOOT』（2014 年）
『快盗戦隊ルパンレンジャー VS 警察戦隊パトレンジャー』（2018 年）
『騎士竜戦隊リュウソウジャー』（2019 年）
『魔進戦隊キラメイジャー』（2020 年）
『機界戦隊ゼンカイジャー』（2021 年）

取材：仙波書房 代表　神谷利一

川越ホーム 蔵のまちコンサルティングオフィス

用語解説

荒物（あらもの）

日用雑貨品のこと。

イオニア式

古代ギリシャ建築の列柱様式。
渦巻き装飾の柱頭が特徴的。

一丁倫敦（いっちょうろんどん）

ロンドンの街をモデルにした丸の内のオフィス街で、赤煉瓦造りの建物が多く立ち並んでいた。

馬貼り

馬の足跡のように目地を半分ずつずらした貼り方のこと。
逆に縦横一直線に目地が通っていて、まっすぐ並べた貼り方を「芋貼り」と呼ぶ。

オーダー

柱（シャフト）と梁（エンタブラチュア）の組み合わせ。

小川三知（さんち）

日本のステンドガラス作家。
明治・大正と黎明期の活躍者で、多くの作品を残す。

川越貯蓄銀行

1896年(明治29年)～1944年(昭和19年)にかつて川越に存在した銀行。
1944年（昭和19年）に埼玉銀行に買収された。

川越渡辺銀行

1913年（大正2年）～1937年（昭和12年）にかつて川越に存在した銀行。

1937年（昭和12年）に第八十五国立銀行に買収された。

コーニス

建物や壁にある水平な形状の突起部分。

イタリア語で水平の出っ張りを意味するcornice（コルニーチェ）に由来し、軒蛇腹とも呼ばれる。

屋根と外壁とを区分け、水平線が強調される。

小間物

日用品、化粧品などこまごましたもの。

サラセン風

イスラム風のモスク調のデザインのこと。

下見板張

横羽目板壁の一種で上下の端を羽根重ねして張る方法。

鎧張（よろいばり）とも呼ばれ、鎧の大袖や草摺（くさずり）の形状のように重ね合わせ段がつくのが特徴。

ジャイアント・オーダー

階を貫く背の高い柱を配置した建築。

如庵（じょあん）

織田信長の弟、織田有楽斎（うらくさい）によって、つくられた茶室。

スワッグ

花や葉を束ねて壁にかける飾りのこと。

デンティル

歯の形状をした凹凸の装飾。

軒蛇腹（のきじゃばら）

建物の軒に帯状に取り付けた突出部分のこと。

ハーフティンバー

柱や梁の間の壁をレンガ、漆喰などで埋めて、造られた木造建築。
骨組みが強調されたデザインが特徴。

バットレス

控え壁のことで、建物本体の壁に加わる側圧に抵抗して，壁が倒れないようにした補強用の壁。
直角に壁から突出している。

破風

屋根の妻側の造形のこと。
漢字の「合」の２画目までの形状をイメージするとわかりやすい。

パラペット

パラペットは平らな屋根や屋上などについている外壁の一部で、胸壁（きょうへき）や扶壁（ふへき）と呼ぶ。

バロック風

ポルトガル語の「いびつな真珠」（Barocco）が語源。
過剰なデザイン、装飾が特徴。

ファザード

フランス語に由来した建築物の正面部分のこと。
建物外観を指すこともある。

太物（ふともの）

絹の呉服に対し、繊維の違いから綿、麻の織物を太物と呼ぶ。

ラッジ ウィットワース（Rudge-Whitworth）

自転車、バイク、ホイールメーカー。

自転車は俗称「ラーヂ自転車」という名で、広まった。

遼廓亭（りょうかくてい）

京都の仁和寺にある茶室のひとつ。

■参考資料

『川越商工会議所 75 年誌』（川越商工会議所）

『川越商工名鑑 市制 70 周年記念 1992 年』（川越商工会議所）

『川越商工・復刻版（第 1 号～ 57 号）』（川越商工会議所）

『川越百景』（川越市 都市景観課）

『看板建築 昭和の商店と暮らし』（トゥーヴァージンズ）

『看板建築図鑑』（大福書林）

『旧山崎家別邸』（川越市 観光課）

『旧山崎家別邸調査報告書』（川越市）

『近代埼玉の建築探訪』（さきたま出版会）

『景観重要建造物　都市景観重要建築物』（川越市 都市景観課）

『建築雑誌 増刊 作品選集 2006』（日本建築学会）

『小江戸ものがたり』（川越むかし工房）

『獄中哀歌』加藤介春（南北社）

『埼玉たてものトラベル』（メイツ出版）

『埼玉モダンたてもの散歩』（埼玉県　文化振興課）

『首都圏 名建築に逢う』（東京新聞出版局）

『茶室と茶庭』保岡勝也（鈴木書店）

『でんけん川越 まちづくりのあゆみ』（川越市 都市景観課）

『伝建地区の建造物 MAP』（川越市 都市景観課）

『日本近代建築総覧』（技法堂）

『日本のステンドグラス　小川三知の世界』（白揚社）

『日本木材青壮年団体連合会　第 49 回全国会員静岡大会』（静岡県木材青壮年団体連合会）

『まちなみ住宅のススメ』（鹿島出版会）

『松ケ角家保存対策調査業務報告書』（川越市 都市景観課）

広告『建築ト装飾』セセッション号　増訂三版（建築ト装飾社）

■協力

有限会社 feel.（フィール）

株式会社 プロダクション・アイ

株式会社 東映テレビ・プロダクション　美術監督　岡村匡一

株式会社 東映テレビ・プロダクション　製作部　石切山義貴

東洋大学　総合情報学部　教授　小瀬博之

特定非営利活動法人　カワゴエ・マス・メディア

株式会社 海馬書房　山口修二

GIV 株式会社

「ラジオ川越」パーソナリティ　小江戸川越のらり蔵り

「ラジオ川越」パーソナリティ　104hero

「ラジオぽてと」パーソナリティ　マツモトケイコ

ブログ「ぼくの近代建築コレクション」

川越の建物 近代建築編
街歩きマップ　全体図

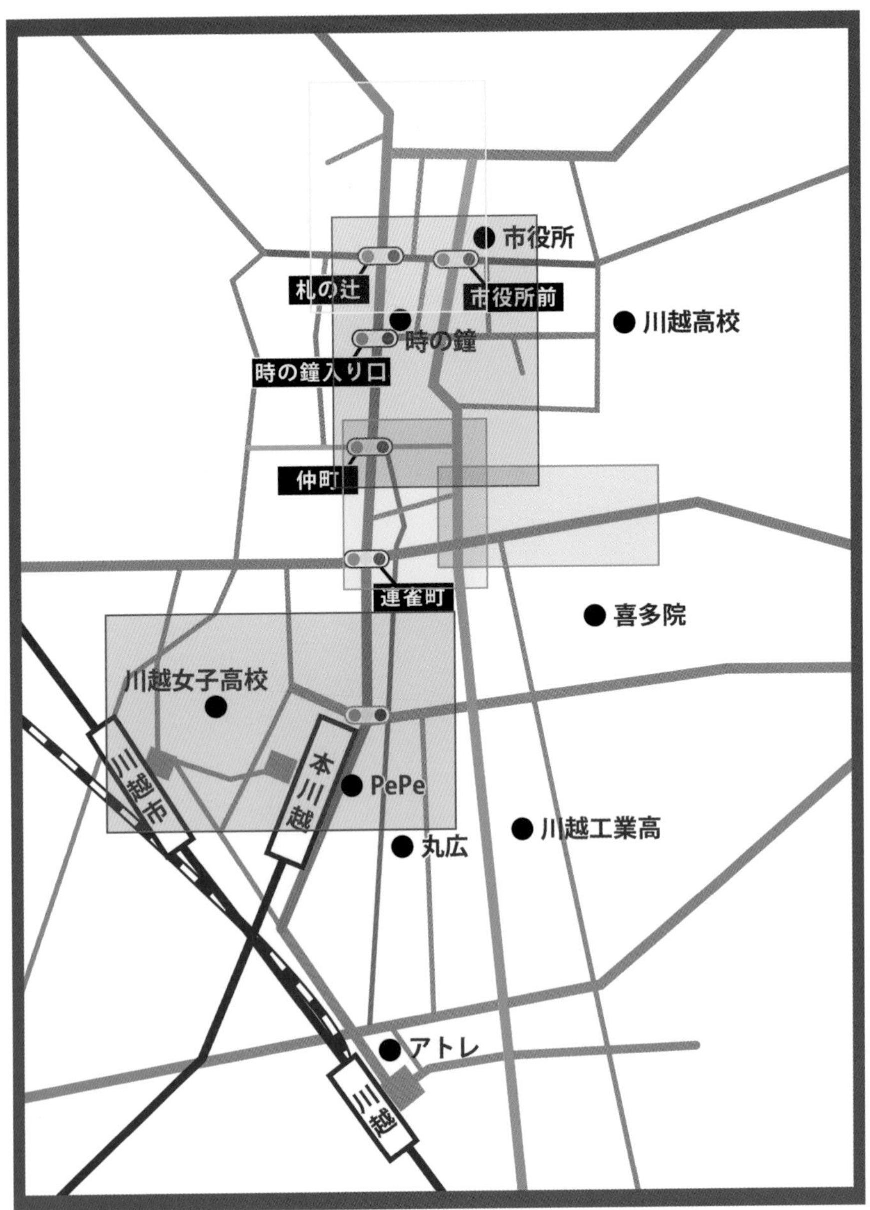

■地図について
エリア、道路ごとに色を付けて、位置関係を分かりやすくしました。
わかりにくい場所は近くのお店で、確認してみて下さい。
川越の方は親切です。丁寧な案内に併せ、街歩きに有益な情報が得られることでしょう。

No.	建物名
1	埼玉りそな銀行 蔵の街出張所
2	川越アートカフェ エレバート
3	保刈歯科醫院
4	川越ホーム 蔵のまちコンサルティングオフィス
5	中成堂歯科医院
6	山崎家別邸
7	川越スカラ座
8	モダン亭 太陽軒
9	手打そば 百丈
10	日本聖公会川越基督教会
11	アクサ生命保険 川越営業所
12	川越商工会議所
13	伊勢亀 本店
14	味の店 いせや
15	シマノコーヒー 大正館
16	大野屋洋品店
17	おびつ玩具店 第二売場・LIFE・彩乃菓
18	Blue Fairy
19	福田屋書店
20	甘味処 川越 あかりや
21	リストランテ・ベニーノ
22	旅籠　小江戸や
23	旧　みこもり煎餅
24	旧　吉原マシン工業
25	ゲストハウス & カフェ ちゃぶだい
26	コーヒーギャラリー 川越小江戸
27	カフェ & レストラン ミルキーウェイブ
28	Cafe1925

川越の建物 近代建築編
街歩きマップ　赤色エリア

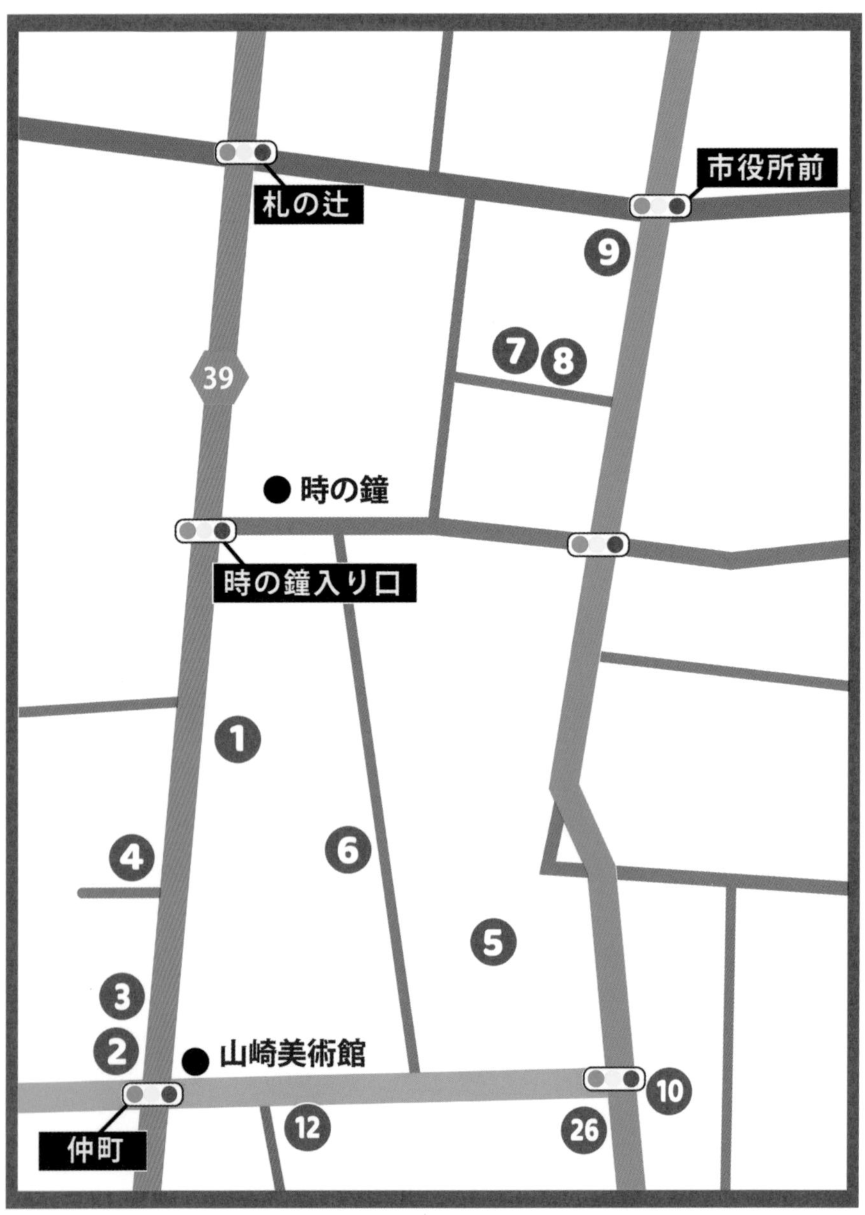

川越の建物 近代建築編
街歩きマップ　水色エリア

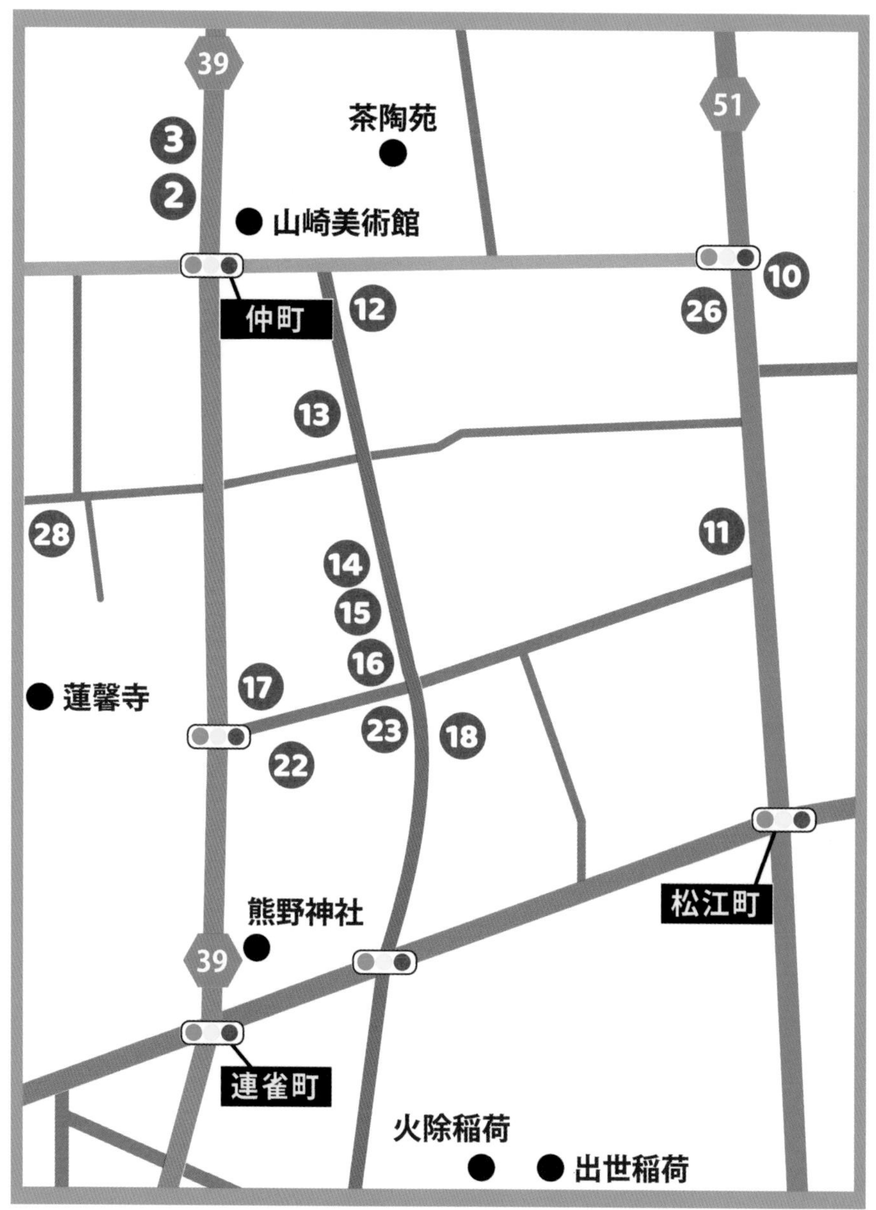

川越の建物 近代建築編
街歩きマップ　緑色エリア

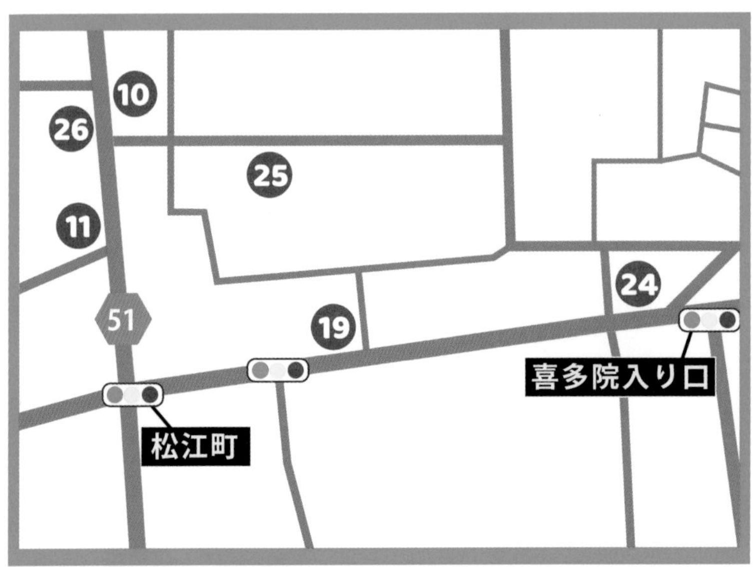

川越の建物 近代建築編
街歩きマップ　青色エリア

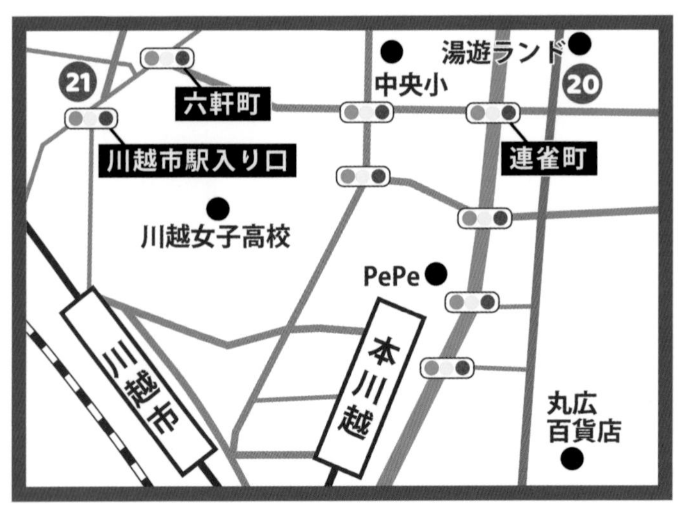

川越の建物 近代建築編
街歩きマップ 黄色エリア

川越の建物 近代建築編

2021 年 5 月 31 日　第 1 版第 1 刷発行

編　集　『川越の建物』編集委員会

発行者　神谷利一

発行所　仙波書房

〒 350-1304

埼玉県狭山市狭山台 2-17-28

TEL　04-2968-8195

FAX　04-2909-9395

URL　https://www.semba-shobo.com/

印刷所　シナノ印刷株式会社

ISBN 978-4-910500-00-3　C0052